中國學術思想
研究輯刊

十九編

林慶彰 主編

第 20 冊

圓悟克勤禪學思想研究

魏建中 著

花木蘭文化出版社

國家圖書館出版品預行編目資料

圓悟克勤禪學思想研究／魏建中 著 -- 初版 -- 新北市：花木蘭
文化出版社，2014〔民 103〕

目 2+156 面：19×26 公分

（中國學術思想研究輯刊 十九編：第 20 冊）

ISBN 978-986-322-939-1（精裝）

1.（宋）釋克勤 2.學術思想 3.佛教哲學

030.8   103014783

ISBN-978-986-322-939-1

9 789863 229391

中國學術思想研究輯刊

十九編　第二十冊　　　　　　　ISBN：978-986-322-939-1

圓悟克勤禪學思想研究

作　　者　魏建中
主　　編　林慶彰
總 編 輯　杜潔祥
副總編輯　楊嘉樂
編　　輯　許郁翎
出　　版　花木蘭文化出版社
社　　長　高小娟
聯絡地址　235 新北市中和區中安街七二號十三樓
　　　　　電話：02-2923-1455／傳眞：02-2923-1452
網　　址　http://www.huamulan.tw 信箱 hml 810518@gmail.com
印　　刷　普羅文化出版廣告事業
封面設計　劉開工作室
初　　版　2014 年 9 月
定　　價　十九編 25 冊（精裝）新台幣 42,000 元　　　版權所有·請勿翻印

圓悟克勤禪學思想研究

魏建中　著

作者簡介

魏建中，男，1978年生，湖南邵陽隆回人。於九十年代末中師畢業，在農村工作七年。後通過考研進入廣西師範大學文學院，2007年畢業，獲文學碩士學位。讀研期間，對禪學產生濃厚興趣，遂萌發報考宗教學博士的想法。天遂人願，2007年考入武漢大學哲學學院攻讀博士學位，師從呂有祥先生，2010年畢業，獲宗教學博士學位。現任教於湖南省懷化市懷化學院政法系，同時係湖南省民間非物質文化研究基地兼職研究人員。主要研究方向：宗教學、中國哲學、地方文化。曾參與一項國家級科研課題研究，獲省教育廳、省社科課題各一項。在《理論月刊》、《學習月刊》等期刊及國際性學術會議上發表論文多篇。

提　要

　　圓悟克勤是宋代中期的一位禪門宗師，在中國禪宗史上具有很大貢獻。他給後人留下了很多寶貴的資料，尤其是他的《碧岩錄》、《圓悟心要》和《圓悟克勤禪師語錄》三部著作，把中國的禪文化推向了輝煌的頂峰。可以說，圓悟不僅是一位證悟自性、心靈自由的禪僧，也是一位通達經論和各家宗旨、善於闡釋的大家。本書全面搜集資料，充分利用今人的研究成果，試圖對圓悟禪學進行首次全面系統的研究，探明其禪學的主旨精神與博大內涵，並重新審視對圓悟的歷史評價，從而深化對宋代禪宗史的研究。

　　圓悟克勤提出的「人人腳跟下本有此段大光明」心性論命題，在禪宗史上具有重要的理論意義和實踐意義。這種思想進一步將禪法生活化，對於廣接群機，大弘禪法，有重要作用。針對禪宗史上對圓悟克勤「文字禪」的批評，本書全面考察圓悟克勤的「文字禪」思想與詮釋實踐。本書認爲，作爲一代禪學大師的圓悟克勤在詮釋公案、頌古及拈古時，在準確把握其思想脈絡的同時，還使得其內在精神在新的視域裏以解決新問題促使禪宗弟子解悟的方式獲得重生。基於對圓悟禪學思想的研究，本書得出結論：圓悟克勤既是前人禪學思想的總結者，又是新禪法的開創者，更是善於說禪的詮釋者，他的禪學特色正是體現了禪學範式變化的過渡性特徵，爲後面出現的「看話禪」和「默照禪」奠定了基礎。

目

次

引 言

　　目前，國內外對禪學思想的研究已經比較深入，並且取得了很大的成果。但是在具體的歷史和邏輯環節方面，及禪學的一些細節問題上，尚有待深入。尤其是宋代禪宗，學術界的關注是不夠的。宋代禪宗在歷史的發展中，是一個樞紐的階段，它繼承唐代慧能以來的南宗禪，又在唐代禪宗思想的基礎上，探求新的禪悟思想和禪修方式。可以說，唐代禪師的言行基本上是通過宋代禪僧的記錄留存下來，宋代禪宗是在消化唐代禪宗思想的基礎上建立了自己的思想，換句話說，宋代禪師是唐代禪師的「詮釋者」，唐代禪師則是「被詮釋者」。〔註1〕圓悟克勤和他的弟子大慧宗杲可以說是這方面的代表性人物。大慧宗杲因其極力提倡「看話禪」的禪法而聞名於世，而圓悟克勤因其「文字禪」的嫌疑，後世對他的評價貶抑較多，對其思想的貢獻重視不夠，目前還沒有人將它的禪學思想作為獨自體系進行充分深入的研究。本書以圓悟克勤的禪學思想為個案進行研究，考察其在心性論、工夫論和文字禪方面的思想和貢獻，探明其禪學的主旨精神與博大內涵，並重新審視對圓悟的歷史評價，從而深化對宋代禪宗史的研究。

一、研究緣起

　　圓悟克勤是宋代中期的一位禪師，在中國禪宗史上具有很大貢獻。他給

〔註1〕 我們之所以說宋代禪師是唐代禪師的「詮釋者」，是因為唐代禪師的很多資料是由宋代禪師整理才流傳下來的，宋代禪師在整理這些資料的過程中，產生了獨到的看法，形成了自己的思想，提出了新的禪修方式。當然宋代禪師首先是開悟的禪者，其次才是「詮釋者」，他們不是專門的哲學家，並沒有刻意去闡釋前代禪師的思想，只是從自己的心性世界中很自然地流出話語，可謂終日說話，未嘗說一句。

後人留下了很多寶貴的資料，尤其是他的《碧巖錄》、《圓悟心要》和《圓悟克勤禪師語錄》三部著作，把中國的禪文化推向了輝煌的頂峰。這些資料總字數達四十萬之多，這在中國禪宗史上是一個罕見的現象，因為一般的禪師無意於語言文字，留下的資料較少，而圓悟克勤博聞強記，以積極的姿態說禪，其語言如精金美玉，引人入勝。他的《碧巖錄》被稱為「宗門第一書」，是文字禪的代表作，對後世影響深遠。這本書以雪竇重顯禪師《頌古百則》所列一百則公案為基礎，加上克勤的垂示、著語、評唱，再經他的門人普照等編集而成。此書既體現了克勤融通禪宗與教理的智慧，也反映了他的文學才華，不僅具有獨特的宗教價值，也具有重要的學術價值。從《圓悟心要》和《圓悟克勤禪師語錄》來看，圓悟禪法薈萃各家精華，超宗越格，文採斐然，體現了他那圓融綜合的時代特徵和大俗而又大雅的禪風，既有對傳統的繼承，又有與時俱進的創新性，為他的弟子大慧宗杲提倡「看話禪」奠定了基礎。可以說，圓悟不僅是一位證悟自性、心靈自由的禪僧，也是一位通達經論和各家宗旨、善於闡釋的大家。因此，對圓悟克勤的禪學思想進行全面、系統、深入地研究，對深化中國禪學思想史尤其是宋代禪學發展邏輯研究，是很有意義的。

另外，從生存論維度〔註 2〕看，研究圓悟克勤的禪學思想也是很有意義的。當今世界，科技文明日新月異飛速發展，然而，人類在享受著高度發達的物質財富的同時，也面臨著心靈束縛、精神異化、道德滑坡、生態環境嚴重破壞等許多問題。這些問題的深層次原因就是人自身的心靈二元對立，過度地向外追求，無法寧靜、自然地生活。其實，人類文明的全面進步和有序發展，需要科技文明和人文精神的協調發展，需要物質文明和精神文明的共同繁榮。而在精神文明領域，禪學具有豐富的資源，能夠以「內觀」的方法幫助人們回歸心靈的家園，運用自覺的修養達於某種超越的境界，從而實現心靈自由的理想。心靈自由一直是人類文明的一個永恆主題，古往今來，無數聖賢大哲在孜孜以求地探索心靈與生命的真諦，構建了一座座精神思想的大廈，他們光輝燦爛的思想和人格，給後來者提供了寶貴的精神財富，圓悟克勤就是這些聖賢大哲中比較有代表性的一位。我們期望通過研究圓悟克勤的禪學思想，發掘他的真知灼見，彰顯他的微言大義，使其思想的心性覺悟

〔註 2〕 生存論維度指的是人的現實存在維度，在這種存在性中，人面臨一系列物質和精神的問題，在解決這些問題的過程中，我們可以從禪學那裡吸取資源。

價值呈現出來，同時在對他的文本的詮釋過程中，傾聽他從自性世界流出來的話語，提升自己的生命境界。所以說對其思想進行研究並不是出於一種思古的幽情，而是富有當下現實意義的對精神世界奧秘的一種探尋。

二、研究方法

（一）現象學、詮釋學方法

本書主要運用現象學和詮釋學的精神和方法來研究圓悟禪師的心性論、工夫論思想和文字禪理論與詮釋方式及其歷史影響，全面呈顯圓悟克勤的禪學思想及其歷史貢獻。

在當代的西方宗教研究中，宗教現象學已經成為顯學，它為人們研究宗教提供了新的視野和新的思路。宗教現象學主要是一種認識論，「既是存在性的，又是詮釋性的」，「存在性不僅表現在宗教生活是存在性的，而且體現在研究宗教的現象學家也是一個有血有肉的有限性存在。這種存在性決定了宗教現象學在其方法上是詮釋性的，是以對話為基礎的。對話不是手段，對話本身就是人的存在的根本狀態」〔註 3〕現象學方法要求研究者以同理心去感同宗教經驗，這種感同不是再造式的體驗，或是一次完全相同的宗教經驗，而是一種闡釋，這種闡釋需要同理心品性的介入，即宗教性意識的參與。研究對象決定著研究方法。要研究禪學思想，首先必須注意到禪宗這個研究對象的特殊性。禪宗是印度佛教傳入中國後中國化的一個佛教派別，在本質上它是一種宗教，如何實踐並達到它所設定的目標——見性成佛，是它的關注焦點。它不是著眼於常人的現實的存在而是從超越常人的「覺悟」的層面上來看人的成長的可能性，重視人的存在的轉化與提升。因此，根據現象學的精神，以同理心去感同研究對象的宗教經驗，在無偏見的前提下進行研究是很重要的。

確立了宗教現象學的精神與方法，我們再來探討一下詮釋學。詮釋學是西方哲學中的一門學問。詮釋學的詞根是 Hermes，而 Hermes 是古希臘中專司向人傳遞諸神信號的信使，他不僅向人們宣佈神的信息，而且還充當一個解釋者的角色。對神論加以注釋和闡發，使諸神的意旨變得可知而有意義。因此，詮釋學最初的意思就是「解釋」。在西方，一方面自希臘人對荷馬及其他

〔註 3〕郝長池：《宗教現象學的基本問題》，《現代哲學》，2006 年第 1 期。

詩人的作品作出解釋開始，歐洲的古典學者們就有了一個理解古代文獻的語文學的闡釋傳統。另一方面，從教會對新舊約全書的解釋中，又產生了詮釋聖經的神學闡釋學。因此，詮釋實際上就是一種語言轉換，一種從一個世界到另一個世界的語言轉換，一種從陌生的語言世界到自己的語言世界的轉換。可以說「詮釋學」（hermeneutics）是一門關於理解和解釋傳統經典的學問。經典之所以為經典，並不在於它的永恆不變，而在於它的不斷翻新，在於它永遠是活生生的，永遠與人們的現實生活相聯繫。可以毫不誇張地說，詮釋學體現了人文學科的生命力。現代詮釋學大家伽達默爾說：「理解甚至根本不能被認為是一種主體性的行為，而要被認為是一種置身於傳統過程中的行動，在這過程中過去和現在經常地得以融合。」〔註4〕所以說，詮釋學是面向讀者的，肯定讀者理解文本的過程是一個創造的過程，是一個繼作者之後將文本意義無限延伸的過程，即使出現「偏見」也是合理的。「西方詮釋學在堅持『讀者至上主義』，即讀者是『紅花』，而文本和文本的作者是襯托讀者的『綠葉』」。〔註5〕因此，宗教經典作為一種文本，只是一種材料，需要不斷地詮釋，為現代讀者服務。我們根據這種詮釋思路來研究圓悟禪師的禪學思想，既注重文獻考據、義理探源，也進行思想探索，展示真理，從一個廣闊的視野來認識中國禪學在宗教現象學意義上研究的無限可能性。〔註6〕

（二）邏輯與歷史相統一的方法

我們也遵循邏輯與歷史相統一的方法論原則。「邏輯」在這裡是指主體對客體的理性把握。邏輯方法是從抽象理論的形態上來揭示對象的本質，通過概念、判斷和推理等思維形式，揭示發展規律和建立理論體系。「歷史」就其一般性而言，是指客觀事物發生發展的演變過程，它具有客觀性、過程曲折性和時間一維性的特點。而歷史方法也就是按照研究對象歷史發展的時間順序、具體形態來制定理論體系，從而揭示對象的本質和規律的一種方法。邏輯與歷史的統一是指思維的邏輯應當概括地反映歷史發展過程的內在必然性。邏輯與歷史的統一的方法要求人們在科學研究時，要揭示對象發展過程

〔註4〕 〔德國〕漢斯－格奧爾格·加達默爾：《真理與方法——哲學詮釋學的基本特徵》，上海：上海世紀出版集團譯文出版社，1999年，第375頁。
〔註5〕 陳堅：《心悟轉法華——智顗法華詮釋學研究》，北京：宗教文化出版社，2007年，第181頁。
〔註6〕 參見戈國龍：《道教內丹學探微》，成都：巴蜀書社，2001年，第16～18頁。

與認識發展過程的歷史規律性；在安排理論體系各個概念、範疇的邏輯順序時，必須符合被考察對象歷史發展的順序。作為一篇論文，邏輯分析是基本方法。我們運用邏輯的方法考察圓悟克勤的心性論、工夫論，辨析「文字禪」概念，闡明圓悟克勤的「文字禪」思想與詮釋方式，我們也從歷史的角度敘述圓悟克勤的生活背景及其生平與活動，闡明圓悟克勤的禪學思想與實踐對後世的影響。我們力求在詳盡地佔有原始資料的基礎上，充分注意到邏輯與歷史相統一的原則，把圓悟克勤的禪學作為歷史演變的一個環節，分析其普遍性與特殊性，闡述其思想發展的內在必然性。

（三）多學科綜合研究方法

我們認為，對圓悟克勤禪學進行全方位、多側面系統深入的哲學研究，在運用上述方法的同時，也要借助傳統佛教經學的義理方式以及現代宗教學的某些研究方法來研究克勤的禪學思想。比如文獻學、語言學、社會學、文化學、精神心理學等。﹝註7﹞同時遵循古今貫通的方法論原則，對其在歷史上的影響及現代社會的啟示進行闡釋。當然，這些方法與原則並不是絕對隔絕的，而是有不同程度的交叉或重疊，且相互補充。

三、研究思路和研究難點

研究思路：前人對圓悟克勤的思想有一些研究，但多是局部研究，因此得出的結論並不全面。我們在參考相關資料的基礎上，對圓悟克勤的禪學思想進行詳盡而專門的研究，既重視作為禪學核心的心性論、工夫論思想研究，也重視「文字禪」及其著作的研究，這對說明圓悟克勤在禪宗歷史上的轉折性的歷史定位及其貢獻，提供了較為全面的依據，得出的結論也更具說服力。

本書全面搜集資料，充分利用今人的研究成果，試圖對圓悟禪學進行首次全面系統的研究。以禪學思想作為研究對象，就不可避免要考慮到這個研究對象的特殊性。禪宗語言只是指示直達心性的方便工具，不可將其看做一種符合現代科學邏輯的系統理論。基於此，本書既參考現代的詮釋學，又借助傳統佛教經學的義理方式以及現代宗教學的某些研究方法，另外注重邏輯與歷史相統一的方法論原則，以北宋社會政治文化、宋代禪宗特色為背景，

﹝註 7﹞　參閱龔雋：《作為思想史的禪學寫作——以漢語禪學研究為中心的方法論考察》，《禪史鈎沈》，北京：三聯書店，第 35 頁。

將圓悟禪作為宋代禪學的一個中介環節，來描繪出圓悟禪在繼承前人禪法的同時，又存在有不同於前人的禪法特色，同時對圓悟禪法思想對後代看話禪及文字禪的影響進行考證與闡述。我們認為，作為通達世間法與出世法的禪師來說，圓悟克勤為禪宗歷史寫下了光輝的一頁。他利用詩歌偈頌、評唱等方式把超越語言、超越自我的空靈之「禪」呈現出來，反映了宋代禪宗的「語言學轉向」，為後世留下了一筆寶貴的精神財富。在圓悟克勤的門下，出了以「看話禪」著稱的大慧宗杲，這種禪法影響中國禪宗一千多年，另外提出「默照禪」的宏智正覺也跟他學過禪，深得他的讚許；他的「文字禪」評唱一直是後世「文字禪」的典範。綜上所述，可以說，圓悟克勤禪師是禪宗歷史上一位承上啟下、劃時代性的重要人物。

研究難點：本書的研究難點主要在於對文本的理解和詮釋。首先，禪宗語言都是自禪師自性流出的話語，有強烈的隨機性，在禪師看來，這些語言只是工具或方便，不具有絕對規範性。如果執著於聖言，以禪師的話去立宗旨，建構一套確定不移的理論體系，這會落入外道見解之中。其次，禪師所傳達的語言與其個人體驗有很大關係，這些體驗難以傳達，對於一個禪修經驗不豐富的研究者來說，很難達到對它的深入理解。第三，圓悟克勤的禪學著作《碧巖錄》、《圓悟心要》和《圓悟克勤禪師語錄》，總字數達四十萬之多，其中對公案的解讀是很大一部分，這些內容對現代人來說，如「銅牆鐵壁」，難以理解。所有這些，都是我們在研究中面對的難點。因此，對於禪師的言說，不得不注意他們本身的動機與處境，瞭解他們的言說背景。另外我們把寫作限定在一定的範圍，把自己定位在從理性知解的角度去揣摩、體會禪語的意義，運用多種方法，盡量減少誤讀。

四、論文邏輯結構

本書全面地搜集資料，充分利用今人的研究成果，試圖對圓悟禪學進行首次全面系統的研究。我們參考現代的詮釋學，借助傳統佛教經學的義理方式以及現代宗教學的某些研究方法，在邏輯與歷史相統一的方法論原則指導下，以北宋社會政治文化、宋代禪宗特色為背景，將圓悟禪作為宋代禪學的一個中介環節，來描繪出圓悟禪在繼承前人禪法的同時，又存在有不同於前人的禪法特色，同時對圓悟禪法思想對後代看話禪及文字禪的影響進行考證與闡述。

具體來說，本書的邏輯結構如下：

第一章　宋代社會政治文化與宋代禪宗的特色。本章介紹宋代政治文化及佛教政策，並考察了宋代禪宗的特色，為圓悟禪學思想的時代背景做一個交代。

第二章　生平與活動。本部分介紹圓悟克勤的生平與活動，包括其修道歷程、禪法師承、悟道因緣、主持交遊與學識人著作。

第三章　「人人腳跟下本有此段大光明」的心性論。本部分考察「人人腳跟下本有此段大光明」的心性論命題，它包含「人人腳跟下」和「本有此段大光明」兩個方面，「人人腳跟下」指出了禪法的當下性，表明禪宗的一切心性哲學都離不開這個正在發生的當下世界；「本有此段大光明」明確了禪法的現實努力方向與任務。這樣的說法，在禪宗的思想史當中，頗具新意及開創性，因此我們作了深入的解析。

第四章　轉迷為悟的工夫論。本部分對圓悟克勤工夫論中的幾個核心思想作了全面論述。圓悟在強調「禪非意想」、「迴光返照」、「直下承當」等說法形式上帶有時代特色，是對傳統的細化與深化，尤其是他的公案禪，強調不管字面上的意思如何，都是通過舉公案來攝心，達到開悟的目的，公案只有開悟的契機的作用（敲門瓦子），悟到了就不必拘泥於公案。大慧宗杲則基於這一思想活動創造了看話禪，但實際上在圓悟克勤的時代，已經可看出幾乎所有的看話禪的因素。

在第五章中，我們談圓悟克勤的「文字禪」思想與詮釋實踐。作為通達世間法與出世法的禪師來說，圓悟克勤的文字禪為禪宗歷史寫下了光輝的一頁。他利用詩歌偈頌、評唱等方式把超越語言、超越自我的空靈之「禪」呈現出來，反映了宋代禪宗的「語言學轉向」，為後世留下了一筆寶貴的精神財富。

第六章　討論圓悟克勤禪學思想的歷史影響。在圓悟克勤的門下，出了以「看話禪」著稱的大慧宗杲，這種禪法影響中國禪宗一千多年，另外提出「默照禪」的宏智正覺也跟他學過禪，深得他的贊許；他的「文字禪」評唱一直是後世「文字禪」的典範。綜上所述，可以說，圓悟克勤禪師是禪宗歷史上一位承上啓下、劃時代性的重要人物。

第一章　宋代社會政治文化與宋代禪宗

第一節　宋代社會的政治文化

　　圓悟克勤禪師生卒年爲公元 1063～1135 年，生活在宋代中期，在這段時間北宋由興盛走向衰落並滅亡，南宋建立。宋朝歷代皇帝基本上在政治和經濟上都扶持佛教，同時士大夫對禪宗的青睞也促進了佛教的發展。因此，在這個時期，禪宗文化作爲完全中國化，並在漢傳地區占重要地位的佛教文化，日益走向整個社會，「它不僅滲透到中國文化的積澱之中，而且浸漬到社會各階層的心理」。〔註 1〕所以說，宋代良好的社會環境是圓悟克勤圓融綜合、雅俗共賞禪風的時代人文背景。

　　任何一種文化及思想的產生與發展都有其時代特色。從文化發展的廣闊背景來看，每一種思想文化與政治、經濟、民俗等處在同一個多樣化統一的思想潮流之中，互相影響，互相促進。如果不瞭解一個時代的政治經濟與文化背景，就不可能瞭解一個時代的某一種文化或思想。因此，要瞭解宋代圓悟克勤的禪學思想，就不得不探討宋代的政治文化特色及佛教政策。下面我們概述一下北宋的政治、佛教政策及其文化經濟。

〔註 1〕麻天祥：《中國禪宗思想發展史》，武漢：武漢大學出版社，2007 年，第 41 頁。

一、宋代的政治特色及佛教政策

宋代是秦漢統一後歷代王朝中維持時間最長的一個朝代，雖然軍事上始終不及漢、唐強大，經常受到北方、西北方外部部落的威脅，但是在文化上卻有卓越成就，此外，宋代經濟非常發達。「宋代上承漢唐，下啓明清，處於一個劃時代的坐標點。兩宋三百二十年中，物質文明和精神文明所達到的高度，在中國整個封建社會歷史時期內是座頂峰，在世界古代史上亦佔領先地位」。〔註2〕這段話非常精闢地概括出了宋代的社會特徵，指出了宋代在中華民族歷史上的重要地位。

五代後期，北宋結束了唐末以來兩百多年的戰亂與分裂，爲了防止武人亂政，北宋統治者解除藩鎮兵權，加強中央集權制度，致力於恢復和發展社會經濟，振興文化事業，締造了一個重文輕武的政權。北宋從一建立起就在政治上非常重視文化人，這些政策基本上得到了宋朝歷代皇帝的遵守與執行，達三百年之久，它從根本的制度上確保了宋朝的文化發展。

宋代歷朝皇帝在維持儒家正統地位的同時，在政策上非常重視和扶持佛教，使之作爲其統治的輔助工具，這樣大大促進了佛教的發展。宋王朝對佛教的政策以崇奉爲主，限制爲輔。太祖、太宗、眞宗、仁宗、高宗等皇帝多信仰佛教，實施了大規模造寺安僧、組織譯經的政策。比如宋太祖認識到周世宗給予佛教的打擊，影響全國民眾的安定，他頒佈命令，停止毀佛，派遣沙門一百五十七人去印度取經，使內官往益州（今成都）雕刻大藏經版。以後宋代各帝對佛教的政策變化不大，太宗太平興國元年度童行達十七萬人。五年（980）中印度僧人法天、天息災（後來改名法賢）、施護先後來京，朝廷設立譯經院，恢復從唐代元和六年（811）以來中斷已久的翻譯。太宗親自作了《新譯三藏聖教序》，後來院裏培養翻譯人才，改名傳法院，又爲管理流通大藏經版而附設印經院。當時印度等國來中國送贈梵經的僧人絡繹不絕，從宋初到景祐初八十年間，即有八十餘人。〔註3〕眞宗皇帝對佛教非常信奉，「密契菩提之心，深研善逝之旨」，〔註4〕在京城和各路設立戒壇七十二所，放寬了度僧名額。政治上的扶持促進了佛教的社會化發展。但是一旦佛教勢

〔註2〕 楊渭生：《兩宋文化史研究》，杭州：杭州大學出版社，1998年，第1頁。
〔註3〕 參見閆孟祥：《宋代臨濟禪發展演變》，北京：宗教文化出版社，2006年，第34～38頁。
〔註4〕 （元）念常：《佛祖歷代通載》卷一八。

力發展過大，威脅到國家的統治時，宋代皇帝也會採取限制政策，比如高宗皇帝針對當時濫發度牒的現象，認為「若更給賣度牒，是驅農為僧」，〔註5〕明顯表現出不滿與限制的態度。

宋代政治是一種士大夫政治，體現了一種現代文官政治的特徵。其實，傳統中國的政治系統與文化系統是高度整合的，二者經常密不可分。而宋代在這一方面的特徵更加明顯。宋代是真正的士大夫時代，廟堂之上，君臣爭論不已；江湖之中，書生指點江山。北宋實行文官政治，對文人非常重視。因此，士大夫隊伍空前壯大，大大促進了文化的發展。總的來說，宋代在政治上比較開明，對文化比較重視，其對佛教的政策是極有利於佛教發展的，也正是在這種寬鬆的社會文化環境下，宋代的佛教發展進入了一個嶄新的時期，面向社會廣泛傳播，深深影響了宋代各個層面的人。

二、宋代的文化與經濟及其對佛教的影響

宋代歷朝統治者對文人的重用，大大提升了文人的地位，促進了教育的繁榮，學術的自由以及市民文化的興起與繁榮。同時，思想的活躍，個性的增強，加劇了主體心靈的衝突，同樣也為宗教文化與哲學的發展提供了廣闊的滋生土壤。這種強大人文環境的營造，使得社會各階層雖政治經濟地位有別，但主體心靈方面則有著共同的理想與抱負、價值追求和審美境界，那就是入世與出世（社會擔當與心靈超越）走向統一，倡導「先天下之憂而憂，後天下之樂而樂」的宏願，在社會生活中追求著主體崇高價值的實現與完善。〔註6〕據有關研究資料表明，宋代哲學流派之多、名家之輩出、研究之深廣在古今中外都是罕見的。在藝術方面，詞的繁榮、井市文化的興起與繁榮、大批身兼哲學家和文學家的文人的湧現以及理論研究的深入等都使宋代藝術呈現出自身的獨特性。無論是哲學還是藝術，其主題都是直面現實生活，整個人生。關於宋代文化，陳寅恪有過較權威的論述：「華夏民族之文化，歷數千載之演進，造極於趙宋之世。」〔註7〕可見宋代在中國文化思想發展史上是劃

〔註5〕（清）徐松輯：《宋會要輯稿》，北京：中華書局，1957年，第8頁。

〔註6〕關於宋代的人文環境之營造，馮天瑜等著《中華文化史》中對其有過精彩的論述。（參見該書的第七章）另楊渭生等著的《兩宋文化史研究》更是全方位地展示了宋代文化的特色。

〔註7〕陳寅恪、鄧廣銘：《〈宋史職官之考正〉序》，《金明館叢稿二編》，上海：上海古籍出版社，1980年，第245頁。

時代的時期。可以說，宋代文化是對唐代文化的一種新發展，具有著更深的意蘊，人們以更爲理性的方式探索宇宙人生的眞理，呈現出一種剛柔相濟的文化範式。〔註8〕

在宋代這個時期，儒道佛三教文化都湧現出自己的代表人物和思想學說，他們互相影響，互相促進。比如一直影響到明清、借助哲學思辨來論證儒家綱常倫理和名教合理性的道學（又稱理學）就是在這個時期形成的，代表人物有周敦頤、張載、程顥、程頤、朱熹等人。理學的發展將中國古典哲學的理論和實踐功能都推向了極致，對中國古代社會後期的生存理念和思維方式產生著深刻而持久的影響。「道學在形成和發展的過程中深受佛教的影響，同時它也反過來對中國佛教的思想和價值取向等方面產生重大影響」。〔註9〕可以說，宋代在文化上是一個融合與創新的時代。在這種文化交融的過程中，文化表現爲深層次的理性化，〔註10〕儒家得到復興，而儒佛道之間也出現了比較深層次的交涉。在儒佛道交涉的過程中，佛教的思想得到了傳播，走向了社會各個層面。

另外在經濟上，在長期安定的局面下，獲得空前的發展。北宋生產力水平大大提高，水稻種植向北方擴展，墾田面積進一步擴大，糧食總產量持續增加，這時期「農業勞動生產率超過了以前的任何歷史時期」。〔註11〕紡織、製瓷、造船、造紙、印刷等生產技術和產量都超過了前代，行業分工更趨細密，家庭手工業產品日益商業化。在農業和手工業不斷髮展的基礎上，宋代的城市經濟和商業也相應地繁榮起來。繁榮的經濟恰恰爲宋代佛教的社會化發展奠定了十分雄厚的物質基礎。同時兩宋時期科技水平的提高則爲宋代佛教社會化奠定了傳播基礎，比如雕版印刷與造紙技術的發展，提高了書籍生

〔註 8〕 參見馮天瑜等：《中華文化史》，上海：上海人民出版社，1990 年，第 634 頁。著者認爲，中國歷史由唐代進入宋代，中國文化也經歷了一次大轉型，「即從唐型文化轉向宋型文化」。當然這兩種區分只是體現出唐、宋文化各自的特色，而並未表示兩種文化的高低之屬。文化形態的轉型也帶來了學術形態的轉型：漢學轉向宋學。

〔註 9〕 楊曾文：《宋元禪宗史》，北京：社會科學出版社，2006 年，第 2 頁。

〔註10〕 這裡的理性化，要與現代的理性化有所區別。現代的理性化主要以數理邏輯分析爲主，宋代的理性化表現爲當時的思想家們以宇宙運行之理爲中心，構築了博大精深的理學，具有濃厚的人文氣息。

〔註11〕 漆俠：《中國經濟通史·宋代經濟卷》上，北京：經濟日報出版社，1999 年，第 29 頁。

產數量，擴大了傳播的範圍，促使更多的圖書進入民間社會。從而，使佛教典籍也能爲下層民眾所擁有，這十分有利於佛教的社會化發展。

第二節　文化融合背景下宋代禪宗的特色

在宋代，慧能門下分化出來的五家禪發生了很大的變化，潙仰宗已經不傳，法眼宗雖然在宋初盛極一時，在永明延壽禪師以後也就衰落了，宋中葉以後法脈即斷絕，而曹洞宗在宋初比較沉默，盛行於各地的主要是雲門宗和臨濟宗。雲門宗入宋後有比較大的發展，不過到南宋時便漸漸趨衰微，到了元代，法系便無可考。〔註12〕臨濟宗在宋代得到了長足的發展，後世主要是此宗的法脈。中國禪宗在唐代發展之後，到了宋代進入了興盛時期，宋代禪師在整理唐代資料的基礎上，發展出了許多禪修方法，爲禪宗的傳播作出了巨大貢獻。可以說，宋代禪宗是以唐代禪宗的思想活動爲詮釋對象而出現的新的文化現象。所以，相對唐代禪宗而言，宋代禪宗有其特殊的思想課題，值得我們認眞關注。

宋代是一個文化全面融合與發展的時代，儒道佛都獲得了發展的契機，湧現出各白的代表人物和思想學說，形成了獨具特色的宋代文化，對後世有深遠的影響。在這種文化背景下，宋代禪宗兼包並容，積極影響統治者和士大夫而日益走向社會，最終成爲宋代佛教最繁盛的宗派和中國佛教的主流。宋代的禪師們根據時代需要，大立文字，將宋代禪宗向社會的全面滲透作出了重要貢獻。總之，宋代禪宗在繼承傳統禪宗思想的基礎上，走向了一條儒學化、社會化的道路。

一、宋代禪宗的儒學化

宋初，王朝百廢待興，制定以儒治國的方針。經過太祖、太宗、眞宗三朝的文化積累，儒家文化全面復興，以天下爲己任、恢復先王古道的政治意識和道統意識成爲廣大士大夫的普遍思潮。宋代儒學是大師輩出、思想建樹豐富的儒學發展鼎盛期。而隨著道統意識的加強，必然視佛老爲異端，韓愈的《原道》成爲這個時代的旗幟。如程顥抨擊佛教說：「其術大概且是絕倫類，世間不容

〔註12〕關於宋代各宗的具體情況，參見洪修平：《中國禪學思想史》，北京：中國人民大學出版社，2007 年，第 280～285 頁。

有此理。又其言待要出世，出哪裏去？又其迹須要出家，然則家者，不過君臣、父子、夫婦、兄弟，處此等事，皆以爲寄寓，故其爲忠孝仁義者，皆以爲不得爾。又要得脫世網，至愚迷者也。」〔註13〕（《二程遺書》卷二上）程頤也批評禪僧：「今之學禪者，平居高談性命之際，至於世事，往往直有都不曉者，此只是實無所得也。」〔註14〕（《二程遺書》卷一八〉）這些話雖然對佛教有所誤讀，但也反映了一些現實問題，因此在當時也有一定的影響。排佛浪潮的出現有其特定的社會原因：宋代統治者吸取唐末五代武夫亂政的教訓，要求建立一種穩定的符合中央集權制的文化意識形態，儒家的社會政治倫理學說正符合這種時代需要。這樣理學興起，吸取佛教哲學而替代佛教義學長期佔據的理論地位，新儒學有排佛的傾向。當然，佛教自身的因素也造成很多負面的影響，如佛教中間，游民混迹，僧尼過多，大建佛寺，造成不少社會問題和經濟問題。因此包括同情佛教的士大夫也主張限制佛教的規模。

面對當時的社會政治形勢，佛教主流清醒地意識到這種情況，提倡吸取儒家的倫理學說，改變佛教末流的不良傾向。禪宗吸取儒家的思想，提倡輔助治國，有三教融合的傾向。如永明延壽力圖改變唐末五代普遍流行於禪宗中的不問善惡是非的風氣，提倡禪教統一、禪與淨土統一，要求佛教回到生活中去，參與王政的輔助。他在《萬善同歸集》中說，「文殊以理印行，差別之義不虧；普賢以行嚴理，根本之門靡廢。本末一際，凡聖同源，不壞俗而標眞，不離眞而立俗。」〔註15〕他是從理論上證明僧尼參與世間生活、遵循基本倫理要求的必要性。北宋著名的學僧契嵩說：「夫聖人之道，善而已矣；先王之法治而已矣。佛以五戒勸世，豈欲其亂耶？佛以十善導人，豈欲其惡乎？《書》曰，世善不同，同歸於治。是豈不然哉？」〔註16〕這段話表明儒佛同源，都是向善的，主動向儒學靠攏，因此力圖讓佛教作爲儒學不可缺少的補充，就成了宋代佛教儒學化的理論方向。「儒佛者，聖人之教也，其所出雖不同，而同歸於治。儒者，聖人之大有爲者也；佛者，聖人之大無爲者也。有爲者以治世，無爲者以治心。」〔註17〕這種佛教觀爲士大夫提供了在社會

〔註13〕轉引自牟宗三：《心體與性體》（中），上海：上海古籍出版社，1999 年，第76 頁。

〔註14〕《二程集》上，北京：中華書局，2004 年，第 196 頁。

〔註15〕《萬善同歸集》卷上，《大正藏》第四十八冊，第 958 頁下。

〔註16〕《鐔津文集》卷十六，《大正藏》第五十二冊，第 773 頁下。

〔註17〕《鐔津文集》卷八，《大正藏》第五十二冊，第 686 頁上。

上修禪的理論基礎，他們可以在世俗生活中修「凡夫菩薩」，就是成爲帶有一定煩惱、不故弄玄虛，卻悲心廣大、實行救度的一般凡人，以出世的精神做入世的事，實現出世與入世的統一。人本主義最重要的內涵是以人爲出發點並以人以及人的心靈爲終極關懷，中國的儒家學說是這一思想的典型代表。他們不否定現實人生的快樂，而是以智慧的愉悅取代癡迷的痛苦，以理性的控製取代激情的宣泄，從而實現超越與參與的統一。應該說，大部分士大夫能夠做到剛直不阿、清正廉潔，這些精神既有來自儒家思想的影響，也有佛教的影響。

　　宋儒與傳統儒學的一個重要不同點，是非常地強調忠孝節義。禪宗對此有所回應。契嵩禪師的《孝論》是中國佛教學者闡發孝道最重要的專著。《孝論・敘》云：「夫孝，諸教皆尊之，而佛教殊尊也。」〔註18〕他說佛教最爲尊孝。在他看來，佛教徒以出家修行的方式立身行道，也能榮耀祖先，使祖先亡靈得到福報，從這層意義上可以說，佛教的孝與儒家的孝異曲同工。奉敕撰《宋高僧傳》的贊寧進一步提出「佛法據王法以立」的主張，因爲「王法」是「世法」的最高原則，佛法入世，當然也應以「王法」爲最高準繩。多數文人士大夫，也採取較爲務實的態度看待佛教，從先天至善心性角度推動禪學與儒學的統一，發展出忠孝節義、憂國憂民的共同理念。宋儒所有倫理觀念中，忠君列在首位，而「忠君」與「愛國」並提，是由宋代才開始形成的。到了北宋末年，忠君愛國成了當時做人的最高標準。當時的佛教也有相應的反映。兩宋之際的禪宗領袖宗杲，用「忠義心」來解釋作爲成佛作祖基石的「菩提心」就很典型。宗杲生活在南宋抗金派和投降派激烈的鬥爭的年代，以強烈的愛國憂民意識同情抗金派的政見。在順逆無常的人生中，他以出家僧侶的身份堅持中國傳統道德觀念，提出了「菩提心則忠義心」的命題，宗杲在《示成機宜（季恭）》中說：「菩提心則忠心也，名異而體同。但此心與義相遇，則世出世間一網打就，無少無剩矣。」〔註19〕菩提心屬智慧心，忠義心屬道德心，宗杲認爲佛家的智慧與儒家的道德是統一不二的。所謂「一網打就」就是說菩提心一旦與忠義心相結合，那麼世間的善心、道德和出世間的發心、佛法便都囊括無遺了。

　　任何宗教組織在自身的發展中，必然面臨神聖與世俗、超越與參與、出

〔註18〕《鐔津文集》卷八，《大正藏》第五十二冊，第 660 頁上。
〔註19〕《大慧普覺禪師語錄》，《禪宗語錄輯要》，上海：上海古籍出版社，第 418 頁。

世與入世的二律悖反問題，能否成功化解二律悖反問題能夠反映宗教組織乃至整個社會的智慧。對於宋代禪宗來說，在儒學化的過程中走的就是一條不斷消解自身二律悖反的道路，同時深深地影響了儒家文化，對整個中國文化做出了重要貢獻。

二、宋代禪宗的社會化

　　宋代的文化發展體現在融合與創新上，儒道佛都獲得了發展的契機，形成了獨具特色的宋代文化。在這個時期，禪宗在儒學化的基礎上，重視語言文字的傳播作用，積極影響社會各個階層的人，處在一個社會化的過程之中。圓悟禪師認為，「佛法即是世法，世法即是佛法。」〔註20〕這裡說明佛法與世間法是不可分割的，從理論上論證了禪宗走向社會的必要。在有關宋代禪宗的語錄筆記中，保存了大量寺院僧侶與世俗關係的材料，表現出佛教參與社會的具體情況。同時，在理學影響下，禪宗走著與它一致的在世俗社會中尋求個人內心解脫的道路，顯示了這一時代中國佛教的特殊性格。

　　宗教的產生是基於人類自身對生命的思考進至無限的追求。「宗教是借助心力，即認知能力的擴張，超越有限，領悟無限，乃至把握無限，從而實現人生的終極價值的合理性過程，或者說思想實踐。」〔註21〕所以說宗教是人類的一種追求無限的本能。然而人是社會的產物，人不能離開社會獨立生活，無論是無限的追求還是有限的創造，只有在社會活動中，才能獲得充分發揮內在潛力的全方位環境。麻天祥先生提出了宗教哲學的二律悖反理論，他認為，「對於宗教組織來說，宗教徒一方面要超越有限，實現超世俗的終極關懷；另一方面，還得參與現實，在有限的，甚至是殘酷的環境中，維繫自己的生存與發展，並受各種社會規範、價值觀念的限制與塑造，這就形成了無限與有限、終極與現實、超越與參與的兩難悖論，也就是宗教哲學的二律悖反問題。」〔註22〕對於任何宗教組織來說，必須面對超越與參與這一基本的兩難選擇，而社會化則是他們解決這個二律悖反問題的基本方法，即將對於無限的終極關懷落實於世俗生活，將超越的追求與日常平凡的工作相結合，也就

〔註20〕弘學、李清禾等整理：《圓悟克勤——碧巖錄・心要・語錄》，成都：巴蜀書社，2006 年，第 361 頁。

〔註21〕麻天祥：《中國宗教哲學史》，北京：人民出版社，2004 年版，第 13 頁。

〔註22〕同上註，第 34 頁。

是說彌合無限的超越和有限的參與之間的裂痕。對於任何宗教組織來說，必須根植於社會，根植於大多數民眾世界。只有建立在這樣基礎上的文化或思想，才能經久不衰，具有永恒持續的生命力，經受住時間的考驗。對於佛教來說，同樣面臨這個問題。佛教要想在中國生存下去，必須解決二律悖反這個問題，走社會化這一條路。宋代禪宗在這一方面做得比較好，從而成功地走向社會，成爲社會大眾的精神源泉。

　　禪宗發展到宋代，進入了一個全新的文字化時代，即所謂「文字禪」時代，佛經律論的疏解，語錄燈錄的編纂，頌古拈古的製作，一時空前繁榮。宋代禪宗非常重視語言文字的作用，文字禪的形成促進了宋代文學、藝術與禪宗的交融，其本身已經超出禪宗內部宗風的範圍。中國的禪宗史，一般是把臨濟宗的汾陽善昭（947～1024）推爲文字禪新風的開創者。善昭爲了方便佛教初學者，作了《頌古百則》和《公案代別》兩部書，彙集了古代若干的公案，分別用偈頌和「代別」加以陳述。稍晚於善昭的另一文字禪的重要代表人物是雲門宗的雪竇重顯（981～1053）。雪竇重顯仿照善昭的做法，也作了《頌古百則》。自此後，凡有文化的禪僧積極研習頌古，從古則和頌文中體悟自心，發明禪意。雪竇重顯去世後不久，臨濟宗楊岐派禪師圓悟克勤（1089～1163）評唱重顯的《頌古百則》，其弟子將評唱內容整理成了《碧巖錄》一書。此書的問世，把頌古之風推向了高潮，使禪風進一步發生重大變化。後來，曹洞宗人投子義青、丹霞子淳以及宏智正覺等人也都有「頌古」之作，文字優美，思想清新，影響頗大。

　　宋代禪宗的文字化與廣大士大夫的參與是分不開的。宋代士大夫的參禪活動不是一種盲目的崇拜，而是充滿一種理性的懷疑精神，由於有這種理性精神，士大夫由被動接受變爲主動選擇，反饋於佛學，非常重視佛教經典，對某些適合宋代士人心理需要和文化需要的佛教經典表現出明顯的偏愛。除了唐代士大夫常閱讀的《維摩》、《金剛》二經外，《華嚴》、《楞嚴》、《圓覺》三經取代早期達摩時代的《楞伽》、《法華》等經成爲宋代居士閱讀參究的主要經典。《華嚴經》以其事理圓融受到宋代士大夫的特別愛好。比如蘇軾與黃庭堅，非常喜歡與熟悉華嚴學說。黃庭堅用「行布」一詞論詩論畫，就是借用華嚴宗的術語〔註23〕。華嚴宗構想圓融無礙的宇宙體系，禪宗明見人的主

〔註23〕　《山谷詩集注》卷一六《次韻高子勉十首》其二云：「行布佺期近。」任淵注：
　　　　「『行布』字本出釋氏，而山谷論書畫數用之。按釋氏言華嚴之旨曰：『行布

觀心性，而這正是傳統儒學所缺乏的，因此二者都成為構築宋代理學的重要因素。華嚴通禪，儒釋相融，也正與這個時代的文化整合觀念相關。士大夫的佛學水平空前提高，對佛經的意旨多有發明，士大夫為佛經作注疏以及為僧人語錄作序成為一時風尚。北宋後期的詩壇盟主蘇軾、黃庭堅、陳師道等，佛禪有非常密切的聯繫。這批宰臣和文豪的思想取向，無疑對整個社會風氣發生巨大影響。蘇軾指出：「釋迦以文教，其譯於中國，必託於儒之能言者，然後傳遠。」〔註24〕可見，佛教在中國的傳播，不得不借助中國傳統文化，通過語言文字的途徑，減少阻力和壓力；同時，佛教自身也不得不與中國傳統文化進行比較和吸收，在可能的範圍內，對自己的理論加以補充、修正、解說，這些都是宋代佛教做得比較成功的方面。宋代禪宗特別重視與世俗生活相適應的規儀制度、宗教修養，主張在現實社會生活中獲得精神解脫。因此，禪宗向廣大士大夫文人傳播，受到當時社會大眾的歡迎，成為整個社會的時尚，這樣形成了獨具特色的士大夫禪學。相當多的朝廷重臣和文壇領袖熱衷釋典，棲心禪寂，據《嘉泰普燈錄》、《五燈會元》、《居士分燈錄》、《居士傳》等典籍記載，僅位至宰輔（宰相、參知政事、樞密使、樞密副使或同等職務）的就有富弼、趙抃、張方平、文彥博、司馬光、王安石、呂惠卿、蘇轍、張商英、吳居厚、張浚、徐俯、李綱等等，其中有對禪學研究極深的真正居士，如富弼、張方平、王安石、張商英、李綱等人。在北宋後期的士大夫社交圈子裏，幾乎出現了「不談禪，無以言」的狀況。〔註25〕宋代士大夫文人與佛門關係密切，對佛教思想興趣濃厚，是整個時代的風尚。

另外，宋代佛教以「禪淨合流」為標榜，禪宗法門普及普通群眾，此時佛教信徒結社遂相應以念佛禪為要事，同時也從事大量世俗性的活動，如操辦喪葬、修橋補路等。這時候，創自民眾並服務於民眾的禪宗結社活動如火如荼，在民間社會，其影響甚至超過了那些由僧尼、文士結集而成的禪宗正規組織。事實上，宋代以來，寺院在都市中贏得屬於自己的「地盤」，而在廣大的農村，形形色色的佛教結社更易招來善男信女。在這個過程中，也促進

則教相施設，圓融乃理性即用。」」按：釋志磐《佛祖統紀》卷三上曰：「華嚴所說，有圓融、行布二門，行布謂行列布措。」《大正藏》第四十九冊，第149頁下。

〔註24〕《佛祖歷代通載》卷第十五，《大正藏》第四十九冊，第620頁下。

〔註25〕司馬光：《溫國文正司馬公文集》卷一五，《戲呈堯夫》云：「近來朝野客，無座不談禪。」《四部叢刊》本。

了淨土宗的發展，體現了禪淨合流的傾向。從宋代禪宗深入士大夫及普通百姓的過程中，可以看出宋代禪宗在唐代佛教發展的基礎上，在神聖與世俗之間偏向世俗，朝社會化的方向發展，向社會各階層傳播，爲廣大士大夫及民眾所接受和參與，從而陶冶了他們的審美觀念，提升了他們的精神境界；同時，也在與儒道的融攝互補中，進一步完善與發展了自己的理論，從而變得更加圓融通透，爲解決無限與有限、終極與現實、超越與參與的矛盾樹立了一個典範。

綜上所述，宋代禪宗繼五代之後，在整個文化氛圍非常濃厚的社會環境下，又出現了新的盛況。其基本特點體現爲對唐五代以來派系林立的禪宗格局進行整合，在接受儒家基本倫理的基礎上全面向社會滲透，走向了一條儒學化、社會化的道路。相對於隋唐來說，宋代禪宗在文化調適與傳播方面，是一個全盛時期，因爲它獲得了社會土壤這塊廣闊的空間。這種儒學化、文字化和社會化的特色反映在圓悟克勤的禪學思想與實踐中，可以說圓悟禪師是這種人文環境培育的重要成果之一，圓悟禪學是這種人文環境在禪學上的集中體現，圓悟禪學在宋代禪學思潮中具有重要的歷史地位。

第二章　生平與活動

　　圓悟克勤出生在四川〔註1〕，一生活動於四川、湖南、湖北、江西、江蘇等南方地區。他為南嶽下十四世五祖法演禪師法嗣〔註2〕，是宋代楊岐宗比較突出的法門後裔，文字禪的代表人物，為禪學的深入發展及向社會的傳播做出了重大貢獻。有關記載圓悟言行的文獻資料比較多，其中比較突出的有《僧寶正續傳》卷四、《佛祖歷代通載》卷二十、《五燈會元》卷十九、〔註3〕《羅湖野錄》卷一、〔註4〕《佛祖統記》卷四十六等的記載，本章根據這些資料對其生平略作概述。

第一節　修道歷程與悟道因緣

一、修道歷程

　　圓悟克勤（1063～1135），字無著，號佛果，圓悟，俗姓駱，彭州崇寧（今

〔註1〕　四川在禪宗歷史上是一個出高僧的地方，有「言禪者不可不知蜀」之說。四川自古被稱為「天府之國」，在這個山川奇秀、物產豐饒的土地上，佛教也隨著歷史的腳步在這裡發展、繁榮。尤其是禪宗，在這裡曾一度興盛至極，出現了一批批佛門高僧，如資州的智詵，是禪宗五祖弘忍的弟子；什邡的馬祖道一，簡州的德山宣鑒，西充的圭峰宗密，雪竇重顯，彭州的圓悟克勤等都是聞名全國的禪宗大師。

〔註2〕　五祖法演（？～1104）：為臨濟宗五祖南嶽十四世，白雲守端禪師法嗣。俗姓鄧，綿州巴西（今四川綿陽）人。參考《補禪林僧寶傳》、《五燈會元》卷十九的記載。

〔註3〕　宋·釋普濟：《五燈會元》，北京：中華書局，1984年版。

〔註4〕　宋·釋曉瑩：《羅湖野錄》，歷代筆記小說集成本。

四川彭縣）人，生於一個祖上世代以儒爲業的書香門第家庭。圓悟禪師兒時記憶力極好，日記千言。一日，圓悟禪師偶遊妙寂寺，見到佛書，讀之再三，如獲舊物，悵然不已，謂同伴曰：「予殆過去沙門也。」於是便立志出家，依寺僧自省法師落髮，後又從文照法師學習講說，從敏行法師學習《首楞嚴經》，不知疲倦，並窺其奧旨以爲不足。一次，圓悟禪師得了重病，頻臨死亡，痛苦不已。回想起平生所學，在病死到來之際，一點都幫不上忙，圓悟禪師感歎道：「諸佛涅槃正路，不在文句中，吾欲以聲求色見，宜其無以死也！」〔註5〕於是病好之後，圓悟禪師便放棄了過去那種沉溺於文字知見的做法，離開了妙寂寺，往參宗門大德。

圓悟禪師首先來到黃檗眞覺惟勝禪師座下〔註6〕。惟勝禪師是黃龍慧南禪師之法嗣。一日，惟勝禪師刳臂出血，告訴圓悟禪師道：「此曹溪一滴也。」圓悟禪師一聽，驚詫不已，良久才說：「道固如是乎？」於是，圓悟禪師便徒步出蜀，遍參禪德。他先後禮謁了玉泉承皓〔註7〕、金鑾之信〔註8〕、大潙慕喆、黃龍祖心、東林常總等人，都被他們視爲法器。而黃龍祖心禪師曾告訴他說：「他日臨濟一派屬子矣。」圓悟禪師最後投五祖法演禪師座下。圓悟禪師因爲博通經教，加上參過不少禪門宿德，因此他有很重的豪辯之習氣。爲了將圓悟禪師鍛造爲一代法將，法演禪師對他要求非常嚴格，決不徇一絲一毫的人情。凡圓悟禪師所盡機用，法演禪師皆不認可。一日，圓悟禪師入室請益，沒談上幾句，又與法演禪師爭辯起來。法演禪師很不高興，便說道：「是可以敵生死乎？他日涅槃堂孤燈獨照時（指死亡來臨時）自驗看！」圓悟禪師被逼得無路可走，生大懊惱，居然出言不遜，抱怨法演禪師「強移換人」，然後忿然而去。法演禪師也不阻攔，只是說：「待你著一頓熱病打時，方思量我在。」圓悟禪師離開五祖後，來到金山，不久便染上了嚴重的傷寒，身體困頓無力。圓悟禪師試圖用平日所學，來應對眼前的這場疾病，可是一點都不得力。這時，他才想起臨走時五祖法演禪師對他所說的話，於是心中發誓

〔註5〕 參見弘學、李清禾等整理：《圓悟克勤——碧巖錄·心要·語錄》，成都：巴蜀書社，2006年，第2頁。

〔註6〕 眞覺惟勝：南嶽下十二世，黃龍慧南禪師法嗣。俗姓羅，潼川（今屬四川）人。參《五燈會元》卷十七的記載。

〔註7〕 玉泉承皓（1011～1091）：俗姓王，眉州（今屬四川）人。參《續傳燈錄》卷五的記載。

〔註8〕 金鑾之信：其法嗣不詳。

道：「我病稍間（稍微好一點），即歸五祖。」〔註9〕圓悟禪師病癒後，果然重新回到了五祖。法演禪師一見，非常高興，於是令他作為侍者。在法演禪師的鍛造下，圓悟進步很快，最終頓悟自己本來面目，成為一代禪師。綜上所述，圓悟的修道並不順利，經歷了很多挫折，這也反映了學道修禪的艱難。這些經歷深深影響了圓悟克勤，在他的說法著作中經常見到他對自己修道艱辛路程的反省。

二、悟道因緣

圓悟的悟道因緣很有特色。據載，一次，一位原籍四川的州府官員陳氏解印還蜀，前來拜訪五祖，禮謁問道。法演禪師沒有正面解釋何為佛法，而是意外地引述一首詩歌道：「提刑少年，曾讀小豔詩否？有兩句頗相近。『頻呼小玉元無事，只要檀郎認得聲』。」陳氏一聽，惘然莫測，唯應「喏喏」。法演禪師道：「且仔細。」當時，圓悟禪師正侍立於側，聽到這兩句詩，恍然有省。陳氏走後，圓悟禪師問法演禪師：「聞和尚舉小豔詩，提刑會否？」法演禪師道：「他只認得聲。」圓悟禪師問道：「只要檀郎認得聲，他既認得聲，為甚麼卻不是？」法演禪師道：「如何是祖師西來意？庭前柏樹子聻（nǐ，呢）！」圓悟禪師忽然大悟，連忙走出丈室，這時，正好看見一隻雞飛上欄干，鼓翅而鳴。圓悟禪師自言自語道：「此豈不是聲？」於是圓悟禪師便重新入丈室，向法演禪師報告他剛才所得，呈偈曰：「金鴨香銷錦繡幃，笙歌叢裏醉扶歸。少年一段風流事，只許佳人獨自知。」法演禪師一聽，知道他已經徹悟，立即認可，非常高興地說道：「佛祖大事，非小根劣器所能造詣，吾助汝喜。」法演禪師於是遍告山中修行的大德們說：「我侍者參得禪也。」〔註10〕

我們來簡單解釋一下幫助圓悟悟道的這首小豔詩。其全文是：「一段風流畫不成，洞房深處惱愁情。頻呼小玉元無事，只要檀郎認得聲。」此詩是我國無名氏之作。「小玉」原是吳王夫差女，唐代每以之作為丫環的通名，所以白居易《長恨歌》中有「轉教小玉報雙成」之說，晉代潘岳小名檀奴，姿儀美好，所以女子常把自己所愛慕的男子稱為「檀郎」。〔註11〕在古代中國，由

〔註 9〕 參見弘學、李清禾等整理：《圓悟克勤——碧巖錄・心要・語錄》，成都：巴蜀書社，2006 年，第 2 頁。

〔註10〕 同上註。

〔註11〕 參見皮朝綱：《圓悟克勤的禪學思想及其對中國美學的啟示》，《四川師範大學學報》，1991 年。

於封建禮教的束縛，雖是新婚夫婦，白天在一起的機會不多，新娘獨守空房，心情寂寞苦惱。丈夫在新房外做事，怎麼樣才能引起他的注意呢？新娘想出一個辦法，不斷地呼喚丫環小玉做這做那，其目的是想通過這種呼喚的聲音引起夫婿的關注，回到身邊來。當然，如果這位新郎不能領會，那麼新娘的苦心就是白費了。五祖法演禪師用新娘的聲音來象徵心性本體，檀郎象徵凡夫眾生，丫環小玉象徵一切公案、言辭、文字等方便、手段，禪師（歷代宗師）就像這位新娘，苦口婆心地呼喚，就是要眾生領悟自己的本性，從此幸福自由地生活。在這裡，問道的官員只認得小豔詩之聲，沒領悟自己的佛性之聲。日本禪宗史上著名的禪學大師夢窗國師（是日本禪宗的隆盛時代 1337 至 1602 年的中心人物）根據這首詩提出了著名的「呼小玉手段」，指出宗門的一切語言文字、頌古公案、修行法門等接化施設，都只是為了把眾生本具的佛性給呼叫出來的方便手段而已。

圓悟禪師悟道後，被推為上座，與五祖座下其它兩位得法弟子佛鑒慧勤、佛眼清遠，並稱三佛。在圓悟開悟後，五祖法演禪師繼續考驗他。一次，法演禪師命眾新建一座東廚，廚房當庭有一棵大樹，長得非常茂盛，但是對廚房有所妨礙。當時圓悟禪師負責寺務。法演禪師事先囑咐道：「樹子縱礙不可伐。」法演禪師走後，圓悟禪師還是讓人把那棵樹砍掉了。法演禪師回來後，非常震怒，舉著拄杖追打圓悟禪師，圓悟禪師連忙逃避。就在跑的過程中，他突然猛省：「此臨濟用處耳！」於是便停下，接過法演禪師手中的拄杖，說道：「老賊，我識得你也。」法演禪師一聽，哈哈大笑。又有一天，圓悟三人陪侍法演禪師，夜話於山間涼亭之上。回來時，燈已經滅了，四面漆黑一團。法演禪師吩咐三人道：「各人下一轉語。」慧勤禪師道：「彩鳳舞丹霄。」清遠禪師道：「鐵蛇橫古路。」圓悟禪師道：「看腳下。」法演禪師聽了這三人所下的轉語，說道：「滅吾宗者，乃克勤爾！」可見，圓悟禪師的作略迥異乎兩位師兄。「看腳下」這三字，雖很平實，但卻最有力量，是切實用功修行的指南，禪者日用中若能如此，即步步踏著實處。法演簡潔凝練的風格一直成為圓悟欽佩和摹仿的對象。圓悟克勤禪師在一生中都牢記著自己恩師的教誨，嚴格要求自己，成為一代高僧。

第二節　住持交遊與學識人品

一、住持交遊

　　圓悟禪師先後在成都昭覺寺、澧州夾山靈泉寺、潭州長沙道林寺、江寧蔣山寺、開封天寧寺、金山龍遊寺、南康軍建昌縣（今江西永修縣）雲居眞如寺等七處傳法，遍佈南北，聲名顯赫，所到之處受到儒者士大夫的歡迎，得到他們的熱烈支持，在兩宋期間爲推進楊岐派禪法向社會的傳播，發揮了很大作用。

　　宋徽宗崇寧（1102～1106）年間，開悟後的圓悟禪師回到四川探望母親，受到僧俗兩眾的歡迎，後應成都知府郭知章住持成都昭覺寺。圓悟在此傳法長達八年之久。

　　政和年間（1111～1118），圓悟禪師辭去住持之職，復出峽南遊於荊楚。在荊南，圓悟禪師拜訪了大居士張商英（無盡）〔註12〕。張商英是兜率從悅禪師之得法弟子，堪稱飽參之士，以道學自居，眼界頗高，諸方禪德，少有被他推許的。圓悟禪師見張商英居士之後，遂與他談論華嚴要旨。圓悟禪師道：「華嚴現量境界，理事全眞，所以即一而萬，了萬爲一，一復一，萬復萬，浩然莫窮。心佛眾生三無差別，卷舒自在，無礙圓融。此雖極則，終是無風匝匝之波。」張商英聽了，不覺移榻近前。圓悟禪師講完這段話之後，便問：「到此，與祖師西來意是同是別？」張商英道：「同矣！」圓悟禪師道：「且得（可是）沒交涉！」張商英被圓悟禪師否定之後，面帶慍色。圓悟禪師並不在意，繼續點撥道：「不見雲門道，山河大地無絲毫過患，猶是轉句；值得不見一色，始是半提，更須知有向上全提時節。彼德山臨濟豈非全提乎？」張商英這才心悅誠服，連連點頭稱是。第二天，圓悟禪師又跟張商英談起理法界、事法界、理事無礙法界、事事無礙法界等四法界。當談到理事無礙法界時，圓悟禪師便問：「此可說禪乎？」張商英道：「正好說禪。」圓悟禪師笑道：「不然，正是法界量裏在（還是落在理事等名相差別當中），蓋法界量未滅。若到事事無礙法界，法界量滅，始好說禪。如何是佛，乾屎橛。如何是佛，麻三斤。是故眞淨偈曰：『事事無礙，如意自在。手把豬頭，口誦淨戒。趁出淫房，未還酒債。十字街頭，解開布袋。』」張商英聽完這一段開示，如

〔註12〕張商英（1043～1121）：字天覺，號無盡居士，蜀州新津（今四川）人，曾任丞相。

醍醐灌頂，讚歎道：「美哉之論，豈易得聞乎！」於是便向圓悟禪師執以師禮，並請他留居夾山碧巖。〔註13〕

不久圓悟禪師又遷湘西之道林，後蒙太保樞密鄧子常之奏請，得賜紫服及佛果禪師之號。南宋建炎年間（1127～1130），在宰相李綱的奏請下，圓悟禪師又奉敕住持號稱「江南禪林之冠」的鎮江金山寺。在金山寺，高宗皇帝曾詔見圓悟禪師，請問佛法。圓悟禪師道：「陛下以孝心理天下，西竺法以一心統萬殊，真俗雖異，一心初無間然（沒有差別）。」〔註14〕高宗聽了，非常高興，遂賜圓悟禪師之號。在這座高僧輩出的著名禪林裏，圓悟禪師大展臨濟宗風，棒喝交馳，機鋒電閃，曾於一夕之中令會下參學者17人開悟，聲震天下禪林，其禪堂也因之得名曰「大徹」！

晚年，圓悟禪師又回四川成都昭覺寺，紹興五年（1135）八月五日，圓悟患病，趺坐書偈「已徹無功，不必留頌。聊示應緣，珍重、珍重。」享年七十三歲，諡真覺禪師。

圓悟禪師生前傳法地域非常廣，遍佈四川、湖南、江蘇、河南、江西等省，傳法對象非常多，上至皇帝、皇親國戚、大臣權貴、學者士大夫，下至普通儒者、僧俗信眾，他們都非常信奉並支持他。圓悟聲名卓著，弟子很多，具有崇高的宗教、文化地位，為禪法思想的深入傳播起了很大作用。在圓悟的弟子中，對後世影響最大的是大慧宗杲、虎丘紹隆二人。他們二人的法系分別形成臨濟宗大慧派和臨濟宗虎丘派，虎丘派一直流傳到今天。

圓悟禪師悟門廣大，博學多才，說法善於詮釋，縱橫無礙，而其人品極高，當時的人們非常佩服他。據載，圓悟禪師住持夾山時，其弟子多得無地以容，並且對禪師都是「莫不人人畏服，以為未嘗有也」。圓悟禪師說法時，「清淨無作，不入諸相」，聽法者，「一聽其語，莫不愀然感動有泣下者」。在住持天寧萬壽寺時，「一時王公貴人，道德才智，文學之士，日造其室，車轍滿戶外。雖毗耶聽法，不能過也。」圓悟傳播禪法盛況空前，「度弟子五百人，嗣法得眼，領袖諸方者，百餘人。方據大叢林，匡眾說法，為後學標表，可謂盛矣。」〔註15〕圓悟禪師崇高的宗教、文化地位，超凡脫俗的人品，受到世人的推崇，使得禪宗禪風日盛。

〔註13〕 參見弘學、李清禾等整理：《圓悟克勤——碧巖錄‧心要‧語錄》，成都：巴蜀書社，2006年，第3頁。
〔註14〕 《佛祖歷代通載》卷二十，《大正藏》第四十九冊，第695頁～686頁。
〔註15〕 《補續高僧傳》卷九，《續藏經》第七十七冊，第429頁下。

二、學識著作

　　圓悟禪師勤奮好學，博聞強記，知識淵博。據《僧寶正續傳》卷四所記載，圓悟非常重視研究佛教經論和禪宗語錄，「凡應接雖至深夜，客退必秉炬開卷，於宗教之書，無所不讀。」這裡的「宗」，指「禪宗」，「教」爲言教，他是主張「融通宗教」的。他曾說：「老漢生平，久歷叢席，遍參知識，好窮究諸宗派，雖不十分洞貫，然十得八九。」〔註 16〕他便是在淵博的知識基礎上，引經據典，評唱雪竇《頌古百則》，後被其門人編成《碧巖錄》一書。書中隨處可見引用的禪詩和《維摩》、《楞嚴》、《金剛》等佛教經典，另外所提到的禪僧大概不下七十位，對他們的禪風及禪法都很熟悉，可見他是一位飽讀佛教典籍和禪宗經典，極具文學素養和表達能力的僧人。

　　圓悟善於爲文，留下的資料很多。他的著作中涉及大量歷史人物，既有當時的皇親國戚，又有士大夫官員，還有大量僧人。所以說圓悟的著作濃縮了兩宋期間禪宗的各個方面，堪稱一部宋代禪史，具有重要的史料價值。下面將他的著作略加分析。

　　《佛果圓悟禪師碧巖錄》（十卷），簡稱《碧巖錄》，又名《圓悟老人碧巖錄》、《圓悟碧巖錄》、《碧巖集》。收於《大正藏》第四十八冊，《禪宗全書》第八十九冊，爲禪宗最具代表性的公案評唱集，屬四家評唱語錄之一。此書是圓悟在夾山期間，對雪竇重顯《頌古百則》進行講解，弟子們把它們記錄整理而成，以夾山的別名「碧巖」爲題作書名，故曰《碧巖錄》。《碧巖錄》以重顯《頌古百則》所選的一百個公案爲骨架組織起來，共分十卷，每卷解釋十個公案和相應的頌古，形成十個部分。每一部分都有五項內容，第一是垂示，是對公案和頌文總的說明，圓悟對公案、頌文的解釋，都圍繞『垂示』展開。第二是公案本則，即列舉重顯《頌古百則》所選的公案。第三是雪竇的頌文，即復述重顯原著的頌文。第四是著語，是圓悟給公案本則和重顯頌文作的夾註，也稱下語，文字簡短，多則十餘字，少則三五字，有時只有一個字；有的夾註正面解釋，有的則是反面的批評，充分表現了禪宗呵佛罵祖的反權威精神和大膽懷疑的傾向，也是文字禪與義學經注的明顯區別之處。最後一項評唱，是圓悟對公案和頌文的正面解釋，這是《碧巖錄》的主體部分，分散在公案本則和頌文之後。〔註 17〕《碧巖錄》中，圓悟緊密聯繫禪宗

〔註16〕《補續高僧傳》卷九，《續藏經》第七十七冊，第 329 頁。

〔註17〕參見楊曾文：《宋元禪宗史》，北京：中國社會科學出版社，2006 年，第 391
　　　　〜400 頁。

明心見性的基本理論，把公案、頌古和佛教經論結合起來，爲解釋禪學奠定
了堅實的理論基礎，對後世影響深遠。《碧巖錄》問世之後，禪林轟動，褒貶
不一。有人對它評價很高，稱爲「宗門第一書」，並有許多模仿該書的作品陸
續出現。也有人認爲這種華麗文風有違直指人心、不立文字的宗旨，會導致
很多修行人見指忘月。圓悟的弟子宗杲在特定環境之下，曾經燒掉了《碧巖
錄》的刻版，以示對沉溺於這本書的學僧的懲罰。不管怎麼說，《碧巖錄》都
是禪宗史上一部影響很大的著作，它的出現並非偶然現象，反映了宋代禪宗
重視佛教經典和本宗的文獻典籍的傾向，顯示了宋代禪教合一的趨勢，從此
禪宗與其它宗派看重文詞義理的傳統修行方式縮小了距離。

　　《圓悟佛果禪師語錄》（二十卷），簡稱《圓悟語錄》，又稱作《圓悟克勤
禪師語錄》，由其弟子虎丘紹隆等人編寫，收在《大正藏》第四十七冊，《禪
宗全書》第四十一冊。此書收集圓悟禪師一生上堂、小參、普說、法語、拈
古、頌古、偈頌、眞贊等內容，非常豐富，其語言典雅優美。書中卷首載耿
延禧、張浚之序，卷一至卷八收成都府崇寧萬壽禪寺等諸會的上堂語，卷八
至卷十二收小參，卷十三收小參、普說，卷十四至卷十六收法語，卷十六至
卷十八收拈古，卷十八、卷十九收頌古，卷二十收偈頌、眞贊、雜著、佛事。

　　《佛果圓悟眞覺禪師心要》（二卷），簡稱《圓悟心要》，又稱作《佛果克
勤禪師心要》、《圓悟禪師心要》。編者子文，分上下兩卷，理宗嘉熙二年（1238）
重刊，收於《卍續藏經》第一百二十冊。此書是圓悟禪師向當時士大夫、居
士學人等開示禪宗要旨及修行方式的機緣語錄，以信件爲主。內容包括《示
華藏明首座》、《寄張宣撫相公》、《示曾待制》等，共計一百四十二篇。

　　《佛果擊節錄》（二卷），簡稱《擊節錄》，又稱《圓悟擊節錄》，今收於
《續藏經》第六十七冊。此書是圓悟克勤對重顯的《拈古百則》加以評點，
使之宗旨更爲突出，由其弟子記錄下來而成。取擊而中節之意，故名擊節。
此書結構，先引公案，次述重顯的拈古，文中加有著語，邊引邊議，最後是
圓悟克勤的擊節，正面直截了當地闡述公案及拈古中所含禪理。相對評唱來
說，簡短扼要，所說道理直截了當，指點關要。

第三章 「人人腳跟下本有此段大光明」的心性論

　　心性論〔註1〕在禪宗裏面是一個中心問題，它源於對生命存在的無窮追問與探尋。體悟了生命存在之道的禪宗歷代祖師對「心性」都有自己的闡述，其基本理路一致，但是在具體表述方面卻有較大的不同，在說法方面有各自的時代特色。在不同的禪師那裡，時代不同，生命存在的概念也往往獲得不同的表達。從禪宗的演變來看，從菩提達摩的「同一真性」，慧能的「自性」，到馬祖的「平常心」，臨濟的「無位真人」，作為禪學中心命題，其表達經歷了很大的變化。到了宋代，文化全面交融與整合，圓悟禪師受時代影響，積極說禪，為了讓學人尤其是參禪的士大夫理解禪宗思想，他用更加明白易懂的語言來詮釋心性本體，因此新的禪學中心命題出現了。這就是圓悟禪師反覆強調的「人人腳跟下本有此段大光明」的思想，此命題以「即心是佛」、「無心是道」為理論基礎，通俗易懂，形象生動，具有深刻內涵。

〔註1〕 迄今為止，學界關於心性思想的稱謂非常之多，比如心性觀、心性學說、心性哲學、心性論等等，不一而足。其中心性論出現的頻率最高，本書沿用傳統用法，以「心性論」來指稱圓悟禪師的心性思想，考察他在心性方面的觀點。圓悟禪師對於心性的內涵、本質、心性與成佛的關係等問題，作了極富特色的論述。我們只有結合他的心性思想才能理解其禪法的真意。可以說，禪宗的心性論是禪修方法的理論基礎，是禪宗哲學思想的核心內容，也是禪宗的全部思想理論的主要旨趣。目前，大多數學者已達成共識，認為禪宗把「心性」作為本體範疇，建構了心性本體論，禪門大師在本體論上建構完成一種自我融洽的理論體系。中國傳統文化裏面心性論思想比較豐富，這是中國哲學的特色之一，與西方哲學的形而上學明顯不同。參見楊維中：《中國佛教心性論研究》，北京：宗教文化出版社，2007年，第8～12頁。

第一節　對傳統「心性論」的繼承與發揮

　　心性是成佛的內在根據和保證，明心見性是禪宗修習的目標。因此，禪悟本體就是心性，禪悟思想在這一層面的展現，可以稱之為心性論。禪宗心性論，是佛教文化與中國傳統儒道文化在交流中發生碰撞與融合的產物。縱觀禪宗史，心性具有很多名稱，比如：心源、心地、心鏡、心月、心珠、主人翁、牟尼珠、無盡燈、無根樹、無為國、吹毛劍等等，可謂五花八門，不一而足。如此眾多的心性名稱說明了心性本身的多種屬性，也可以說其屬性是無限的。不同時代的禪師用不同的語言從不同的角度來詮釋這個不可說的東西，力求展現其真理，可以說心性論是在不斷變化、發展過程中豐富起來的，而這種情況是和禪法的演變直接相關的。圓悟禪師在繼承傳統心性論思想的基礎上進行發揮，提出自己的觀點。

一、「心性論」的界定

　　在考察心性論思想之前，我們先來界定一下「心性論」這個概念。每一個概念都具有特定的內涵，因此「心性論」也存在含義的界定問題。所謂心性論，是指人們關於心性問題的基本觀點，其中包括對心性的本質及其關係、價值等問題的根本看法與態度。這一界定大致包括五個相互關係的層次：一是關於心的本質；二是關於性的本質；三是關於心與性的關係；四是關於心性的本質與特徵；五是關於心性與身體的關係。下面擬對心性論的五個層次略加說明。

　　關於心的本質。在佛教裏面，所謂心者，並不是指人們胸膛裏的肉團心，而是指人們對境生起來的念頭和思想，佛經稱為六塵緣影，就是色、聲、香、味、觸、法的影子，簡稱曰集起為心。意思是說，我們本來沒有心——思想和念頭，而是由於有色等境在，才從各別的境緣上領受它的形象，產生認識，分別它的同異，安立名字，發生愛瞋、取捨、造作，才生出種種心念。這心是和環境集合起來而生出的，不是片面單獨起的，所以稱為集起為心，現代哲學說「思想是客觀環境的反映」也有這個含義。

　　關於性的本質。性是生起心的根本，是心的本源。也可以說，它是生起心的能量，沒有它，對境生不起心來。人們之所以能對境生心，全是它的作用。它是無形無相的，所以眼不能見，但它能起種種作用，是一種實實在在的存在，猶如電雖不能目見，而一切照明、發動等等都是它在起作用。古人

把它比作爲色裏膠青，水中鹽味，雖不可目濱，但事實上確實在起作用，在佛經上它有很多異名，如一眞法界、眞如、如來藏、佛性、眞心、大圓勝慧等等。

關於心與性的關係。在儒道佛三家心性論思想中，對心與性的關係多有論述。這種關係表現在三個方面：心先性後，心決定性；性先心後，性決定心；心性合一。〔註2〕佛教教下稱性是體，心是用；性是理，心是事，性決定心，而禪宗主張心性合一的思想，禪宗認爲，因眾生迷而不覺，不知有這種眞如佛性妙體，無始以來，只與生滅和合，變爲妄心。因此心與性原是一物，如水之與波，不是兩回事，兩者可混用，稱心爲性，稱性爲心，或連起來稱爲心性。禪宗視心爲人性的主體承擔者，既重視心，也重視性，並把心性結合起來，從而也就把心性看做存在的範疇。

關於心性的本質與特徵。在中國哲學，特別是中國宗教哲學中，「心主要還是作爲本體的範疇，顯現它的終極或無限的功能，因此應當說是『性』，本性，即超世俗，超時空，無染污之性，故也稱之本心、淨心。在中國哲學史上，心、性連用也就是順理成章的事了。」〔註3〕佛教所說的「心性」，不是一般人用以思維計較的「妄心」，更不是指身體內的心臟，而是超越時空的「眞心」，即所謂眞如本性。簡而言之，心性是超然物外、超越一切對立的本體。對此本體，因爲迷悟而有差別，其本性則無異。比如黃金是一，但可製耳環、戒指、手鐲等各種不同的金器，因此金器雖異，其實都是黃金。同理，心與性名雖不同，實際上則都是人之本體，因此在禪宗裏面「心」、「性」都是連用的。圓悟禪師也說過：「此性即心，此心即性，浩浩作爲，應在六根門頭，千變萬化初不搖動，故號常住本源。」〔註4〕在禪師的體悟中，心性是生命的源頭，千變萬化，而其最初則不搖動。可以說，心性是從心的角度觀實相、眞如、法性。〔註5〕在禪宗裏面，禪師們體悟到的心性是湛然圓明、虛通寂靜的存在。具體說來：心體性如虛空，具有空無性、染淨不二性、不可限量性、不可割性、不可言說性、眾生平等等特質。心性乃強爲之名，具有不可言說性。心體是形上之無，語言是形下之有，以形下之有說形上之

〔註2〕 參見牟永生：《智慧與解脫：禪宗心性思想研究》，北京：中國社會科學出版社，2008年，第26頁。
〔註3〕 麻天祥：《中國宗教哲學史》，北京：人民出版社，2006年，第42頁。
〔註4〕 同上註，第456頁。
〔註5〕 陳兵：《佛教禪學與東方文明》，上海：上海人民出版社，1992年，第8頁。

無，就會導致邏輯上的悖反，因此，心一旦落入「言詮」的形迹，就陷入「第二義」。〔註6〕事實上，心性是無法用語言來描述的，「如人飲水，冷暖自知」，所以禪宗強調親自體驗，但是真要體驗到此「心性」，是要經過一番歇心的實踐功夫。

談論心性，不能不考察一下心性與身體的關係。簡單來說，心性可以理解爲人內在的，精神的，核心的指揮官，身體可以理解爲外在的有形質的物質，二者相互依存，互爲表裏。所謂「形爲神舍，神爲形宰」，就是指身體是心性的居所，心性是身體的主宰，兩者協力運作，無法分開。一個人從降生開始，心性就指揮著身體，完成一切活動。禪宗修行的下手處，一是心性，一爲身體。不過，禪宗修行一般只重視心性修養的工夫，對人的身體缺乏關注，更沒有對身心關係作深入的探索。所以，禪修主要是通過修心養性，修正思想、言語與行爲，超越身體，最終體悟心性本來面目。

二、對傳統「心性論」的繼承與發揮

在禪宗歷史上，對於心性本體，禪家有各種表述。〔註7〕菩提達摩提出「深信含生同一真性」〔註8〕，要求修行者在見地上首先要確立衆生心中有與聖者無別的真性的信心。慧能提出「自性」，對這一主體功能的說明，他在《壇經》中有較全面的表述：「何期自性本來清淨，何期自性本不生滅，何期自性本自具足，何期自性能生萬法。」〔註9〕「自性」是自我生命的真性，是人類的心靈主體，這一主體具有高度的自我覺悟能力，具有透過重重遮蔽而顯示自己的無限能動作用。到了馬祖道一，他強調「即心即佛」，這個命題的強調很有針對性，我們知道，自從佛教傳入中國以來，人們對「佛」的認識是非常混亂和模糊的，很多人總是將寺院裏供奉的佛像當做偶像頂禮膜拜，禪宗崛起時，社會上早已有了這種對佛教的誤解，因此慧能、馬祖這些大師提出「即心即佛」能夠糾正社會上修行者對「佛」的嚴重誤解，也爲初學禪的人提供了正確的觀念。

〔註6〕 參見劉澤亮：《黃檗禪哲學思想研究》，武漢：湖北人民出版社，1999年，第89～92頁。

〔註7〕 雖然有不同的表述，但其本質是一致的，都是指人人本具的佛性，體一名異。

〔註8〕 《楞伽師資記》卷一，《大正藏》第八十五冊，第1285頁。

〔註9〕 楊曾文校寫：《新版敦煌新本六祖壇經》，北京：宗教文化出版社，第49頁上。

　　「即心是佛」〔註10〕由馬祖道一明確提出並著重強調，另外他提出的「非心非佛」到黃檗那裡明確地表述爲「無心是道」。〔註11〕這兩者結合起來就是一種完整的禪法，一直爲後世所重視。「即心是佛」，直接指出本心即佛，否定對外在佛的迷信，是在存有層上的肯定之「有」；「無心是道」，在頓悟心性光明本體的境界裏無一法可尋，是在工夫層上的否定之「無」。前者是佛性有，後者是般若空，這就將大乘佛學的佛性有與般若空兩大主題完美地結合起來。

　　圓悟禪師在繼承「即心即佛」、「無心爲道」思想的基礎上，作了詳細的發揮。他說：「大道正體，不在混沌未分及杳冥恍惚處，亦不是故作深邃隱蔽，令人不可窮，不可測量。蓋至明非明，至妙非妙，直下簡易。」〔註12〕「至道簡易而淵奧，初不立階梯，壁立萬仞，謂之本分草料。」〔註13〕圓悟禪師用「大道正體」、「本分草料」等不同的詞語來詮釋心性本體，從不同的方面展示了心性本體的特徵，都很準確到位。他還把它叫做「本淨妙明無爲無事心」、「常住本源」、「妙嚴清淨本有金剛正體」、「自己寶藏」等，所有名相都指向那超越二元對立的眞如本性，他反覆強調這是人人本有的。圓悟把每個人本具的佛性、清淨圓妙覺性——如來藏性，作爲禪修的基礎。相對歷代禪宗祖師來說，圓悟禪師對心性本體的詮釋更明確、精緻，其語言也更豐富多彩，反映了他那圓融綜合的時代特徵與大俗大雅的禪風。他對「即心即佛」思想有精細的論述，有著自己的獨特性，增添了不少新意。他說：

　　　　了然自悟，廓徹靈明，廣大虛寂，從無始來，亦未曾間斷，清
　　　　淨無爲妙圓眞心，不爲諸塵作對，不與萬法爲侶，長如十日並照，
　　　　離見超情，截卻生死浮幻，如金剛王堅固不動，乃謂之即心即佛。
　　　　〔註14〕

在這段話中，圓悟對「心」的描述非常精細，他指出了然頓悟自己的本心，

〔註10〕馬祖曰：「《楞伽經》云：『佛語心爲宗，無門爲法門』。何故佛語心爲宗？佛語心者，即心即佛，今語即心語，故云佛語心爲宗。無門爲法門者，達本性空，更無一法，性自是門，性無有期，亦無有相，亦無有門，故云無門爲法門。」（《宗鏡錄》卷一，《大正藏》第四十八冊，第418頁中）

〔註11〕黃檗云：「即心即佛，無心爲道。但無生心動念、有無、長短、彼我、能所等心，心本是佛，佛本是心。」（《宛陵錄》，《古尊宿語錄》卷三）

〔註12〕弘學、李清禾等整理：《圓悟克勤——碧巖錄‧心要‧語錄》，成都：巴蜀書社，2006年，第145頁。

〔註13〕同上註，第238頁。

〔註14〕同上註，第331頁。

發現此心廣大虛寂，廓徹靈明，如十日並照，此種境界超越一切語言文字，如金剛王一樣堅固不動，因此稱做「即心即佛」。馬祖道一之後的禪師們喜歡用類似於「即心即佛」的語句來教導信眾，在具體的說法上各具特色。圓悟禪師也經常用諸如「全心是佛」、「人人皆有佛心」之類的語句來啟發參禪者破除他們對外在佛祖的迷信，激發他們實現心靈解脫的信心，他說：「全心即佛，全佛即人，人佛無異，始為道矣。此諦實之言也。但心真，則神佛俱真，是故祖師惟直指人心，俾見性成佛。」〔註 15〕人佛無異，人即有情眾生，佛即佛陀，狹義指釋迦牟尼佛，廣義指眾佛及菩薩。人佛不二，也就是眾生與佛菩薩在開悟成道的本性——心性層面上，「不生不滅，不垢不淨，不增不減」，是完全平等的。圓悟禪師雖然強調人佛在本性上無異，但是也指出了人佛在事相上的差異。他認為：「人人腳跟具有此一段大事，佛與眾生，無異無別。但佛覺證圓融，群靈染惑，遂相懸遠。是故諸聖出興，獨倡此大法，謂之直指人心，見性成佛，特接上機，要利根種性覿面相呈，更不擬議，違得便行。」〔註 16〕人人都具有心性本體，佛與眾生並沒有差別。然而佛覺證圓融，主體完全自覺、自信，眾生迷惑，不能相信自己有佛性，佛大慈大悲，示現受生，幫助眾生體悟自己的光明本體。

圓悟對「無心」也有精到的論述，他說，「所以從上來人誨示訓導，唯務無心，非無真心，但無一切淨穢依倚分別，知解執著之心耳，此發心學道悟入修行方便次第也。」〔註 17〕「一棒上，一喝下，一句一言，若細若粗，若色若香，一時穿透，方稱無心境界。養得如嬰兒相似，純和沖淡。雖在塵勞中，塵勞不染。雖居淨妙處，淨妙收他不住，隨性任緣，饑餐渴飲。」〔註 18〕「無心」並不是無真心，而是無一切知解執著之妄心，修行者應該在生活中放下各種妄想，消除心中的造作，是非，取捨，斷常，凡聖等觀念，讓心靈灑灑落落，如果妄想生起，應該立即撥置，令心無所住，隨性任緣，饑餐渴飲，這才是理想的無心境界。

佛教的「佛」的意義即是「覺」，即突破迷妄的遮蔽進入光明之中。禪宗許多有開悟經驗的祖師們，也常將佛性、自性或本來面目，描述為光明璀璨

〔註 15〕《圓悟錄》卷十五，《大正藏》第四十七卷，第 785 頁中。
〔註 16〕弘學、李清禾等整理：《圓悟克勤——碧巖錄・心要・語錄》，成都：巴蜀書社，2006 年，第 323 頁。
〔註 17〕同上註，第 456 頁。
〔註 18〕同上註，第 508 頁。

的神光；此外，也喜歡用日月或明珠等具有光明意象的事物，來比喻人的佛性或本來面目。《大乘起信論》對眞如的自體（如來藏）做了如下的描繪：「從本已來，性自滿足一切功德。所謂自體，有大智慧光明義故，遍照法界義故，自性清淨心義故，常樂我淨義故，清涼不變自在義故。……名爲如來藏。」〔註19〕在此所說的眞如的六條具體特性中，其中兩條與光明有關：1、「大智慧光明」，「具有偉大的智慧之德和偉大的光明之相」；2、「遍照法界」，「普遍地廣照一切地方。」〔註20〕達摩大師說：「眾生身中有金剛佛性，猶如日輪，體明圓滿，廣大無邊，只爲五陰重雲所覆，如瓶內燈光，不能顯現。」〔註21〕達摩用「日輪」和「瓶內燈光」來比如人的金剛佛性，指出心性廣大無邊，圓滿無缺。再舉一例：

> 盡十方世界是沙門眼，盡十方世界是沙門全身，盡十方世界是自己光，盡十方世界在自己光明裏，盡十方世界無一人不是自己。
> 我常向汝諸人道：三世諸佛，法界眾生，是摩訶般若光。光未發時，汝等諸人甚麼處委悉？光未發時，尚無佛無眾生消息，何處得山河國土來？〔註22〕

這段文字是唐代景岑招賢禪師的法語，在他看來，十方世界都是在自己光明裏顯現，三世諸佛，法界眾生，都是「摩訶般若光」，顯然他是將光視爲人類生命的本體之光，是宇宙萬物之究竟根源或終極實在。又如宋初柴陵郁禪師說：「我有明珠一顆，久被塵勞關鎖。今朝塵盡光生，照破山河萬朵。」〔註23〕意思是心靈光明暫時被各式煩惱塵勞所遮掩，卻絲毫不減它圓潤無瑕的本質，只待掃除灰塵，光明才能如朗日一樣照破山河萬朵。雖然在圓悟禪師之前的歷代禪師對心性之「光」有所談論，但並沒有提出明確的命題。在圓悟這裡，首次提出「人人腳跟下本有此段大光明」的核心命題，並不惜筆墨地加以詮釋，很明顯，圓悟禪師是在接受傳統的基礎上作的發揮，另外他也受樂《華嚴經》的影響。圓悟在描述心性光明本體時深深地浸透了華嚴色彩。〔註24〕

〔註19〕 轉引自方立天著：《佛教哲學》，北京：中國人民大學出版社，1991年，第242頁。

〔註20〕 同上註。

〔註21〕 《達摩大師破相論》，《續藏經》第63冊，第8頁下。

〔註22〕 釋普濟：《五燈會元》上、中、下，北京：中華書局，1994年，第207頁。

〔註23〕 同上註，第1233頁。

〔註24〕 《華嚴經》著重闡發眾生皆可成佛的義理，用珠光相映的意象形容佛法的最高境界，珠光彼此互攝，重疊無窮，類似帝釋天宮殿中的水簾，也叫「帝網」，

第二節 「人人跟腳下本有此段大光明」的核心命題

一種思想要使當時的人們能夠接受，無疑需要貼近當時人們的生存環境、思想信仰、語言習慣，因而，詮釋意味著使原有的東西在形式上發生改變，尤其是語言的改變。事實上，禪學的生命力，就在於它可以容納新的解釋；而正是這新的解釋，促進了它的發展與傳播；又由於它的發展與傳播，成就了它的普遍性與恒久性。一部禪宗史，正是不同時代的禪宗大師對心性本體及體悟本體的理路進行不斷新的詮釋的歷史。宋代是一個文化全面交融與整合的時代，圓悟禪師生在這個時期，說法受理性張揚的時代的影響，比較詳細全面。為了讓學人尤其是參禪的士大夫〔註 25〕理解禪宗思想，圓悟禪師用更加明白易懂的語言來詮釋心性本體。「人人腳跟下本有此段大光明」的命題就是在這樣的背景下提出來的，這樣的說法，在禪宗的思想史當中，頗具新意及開創性，值得進一步解析。

一、「人人跟腳下本有此段大光明」命題的內涵

「人人腳跟下本有此段大光明」的禪學命題包含「人人腳跟下」和「本有此段大光明」兩個方面，前一方面強調禪法的當下性，後一方面明確了禪法努力的方向與任務。

於是「帝網珠光」成為華嚴最著名的譬喻。華嚴的解釋非常詳細，古人說「不讀華嚴，不知佛之富貴」。宋代禪師們普遍對《華嚴經》比較熟悉，圓悟對華嚴思想更是深有體會，他善於借《華嚴經》、華嚴理論、四法界的思想、一多相攝觀等來詮釋禪。

〔註25〕在宋代，很多士大夫喜歡參禪修道。禪宗向廣大士大夫文人傳播，受到當時社會大眾的歡迎，成為整個社會的時尚，這樣形成了獨具特色的士大夫禪學。相當多的朝廷重臣和文壇領袖熱衷釋典，棲心禪寂。他們傾向於以人本和理性來衡量和解釋佛教，對禪宗思想有自己的看法和主張。很多禪學水平很高的士大夫參與了禪宗燈錄的撰寫或整理工作。比如楊億等人潤飾的《景德傳燈錄》，其中表現出相當強烈的史實意識，其實質也是理性主義。即使對佛教有非議的士大夫也學佛參禪。比如歐陽修早年排佛，晚年進入佛門，號「六一居士」，臨終前向僧人借《華嚴經》，讀未終卷而逝，他的夫人、兒子都好佛，他也並不制止。另外士大夫禪學與文學是密不可分的。他們往往通過文學的形式來表達其禪學觀念和佛教信仰。蘇軾就是典型代表，他的許多詩歌就體現了悟性與理性的統一。宋代道學家如周敦頤、邵雍、朱熹等人，都大量抒寫過安貧樂道帶有禪味的詩歌。

（一）「人人腳跟下」強調禪法的當下性，表明禪宗的一切心性哲學都離不開這個正在發生的當下世界

所謂「人人腳跟下」，是指每個人的當下。圓悟禪師認為，「佛祖妙道，唯在各人根本上，實不出本淨妙明無為無事心矣。」〔註26〕圓悟強調無需向外尋求，當下本來就有光明本性，這樣把「佛」與「眾生」統一起來，打破世間與出世間的隔閡，從自身的日常生活中去實踐禪，將禪的智慧貫徹到平淡、世俗的生活中。這種思想進一步將禪法生活化，對於廣接群機，大弘禪法，有重要作用。「人人腳跟下」直接道出：一是強調凡事要從「我」做起，發揮「我」的一切優勢；二是必須「從當下做起」，要發揮出力量與智慧，真幹實幹，決不要虛妄懈怠，更不要說千道萬、誇誇其談。圓悟禪師善於說法，並且敢於說破，在他的語錄中，對心性的描寫非常詳細。他說：

> 人人腳跟下本有此段大光明，虛徹靈通，謂之本地風光，生佛本具，圓融無際，在自己方寸中，為四大五蘊之主，初無污染，本性凝寂。〔註27〕

在這裡，圓悟禪師開門見山，指出每一個人當下本來就有一段大光明，這段大光明具有虛徹靈通〔註28〕的特點。圓悟喜歡用「腳跟下」一詞，強調每個人當下就有心性光明本體，因此，對於修行的禪者來說，要步步踏實，注重當下眼前，不要耽於過去或幻想未來，要將禪的修行放置於俗世的行住坐臥等日常活動中。「人人腳跟下」的邏輯必然性，體現在把現實世界變成佛法道場，在現實世俗之中，而非現實世俗之外去尋找精神解脫。這是一種生佛不二的心性智慧，是圓融凡聖、煩惱即菩提、心法一如的中道智慧。可以說，禪道就是生活之道，是禪者超越對立、獲得自由的智慧憑藉。圓悟反覆強調要樹立信心，相信自己當下就有一段光明自性，他說：

〔註26〕弘學、李清禾等整理：《圓悟克勤——碧巖錄・心要・語錄》，成都：巴蜀書社，2006年，第235頁。
〔註27〕同上註，第275頁。
〔註28〕所謂虛徹，是指有無不立，內外皆空，如果執著有，最終也是幻相，但是如果說是無，也不合適，因此只能說是有無俱不立，內外悉皆空；所謂靈通，悟本知源、迴光內照謂之靈，廓然無礙謂之通。這個永恒的光明本性是無相的存在，空無一物而又浩瀚無邊，無念而靈通，無我而有主宰，眾生和佛都本來就具有，用現代語言勉強形容為能「覺」之能，是一種心性能量，這種能量既不在動中也不在靜中而「能」動「能」靜，也可以說它是生成萬物的本體。

> 要直截透脫，須先深信自己根腳下有此一段。〔註29〕

> 當人腳跟下一段事，本來圓湛，不曾動搖。威音王佛前，直至
> 如今，廓徹靈明，如如平等。〔註30〕

禪法以當下為中心，離開當下談禪，就是緣木求魚。因此，禪者要想直截透脫，必須樹立信心，相信自己要體悟的是自己本有的東西，它永恒地處於目前當下，但是沒有任何具體的形象。「腳跟下」在圓悟禪師的《語錄》中有多處呈現，體現了一種平民風格，使其傳播更加廣泛，滲透的層次更加深入。這些思想對他的弟子們有很大影響。「人人腳跟下」的思想奠立了禪悟論與解脫論的基調，為禪者覷破本來面目，識取自家寶藏，在行住坐臥的庸常日用之中觸目菩提，自作主宰，提供了重要的理據。

圓悟的「人人腳跟下」生動地傳達了人的實際存在的特徵，它向人們展示了一個活生生的現實世界，非常平實，一點也不玄妙。它也表明禪宗的一切心性哲學都離不開這個正在發生的緣起世界，只有將跑遠的心拉回到當下，才能獲得最終、最圓滿的真實的主體存在。他認為：

> 道妙至簡至易，誠哉此言！未達其源者，以謂至淵至奧，在空
> 劫以前，混沌未分，天地未成立，杳冥恍惚，不可窮、不可究、不
> 可詰，唯聖人能證能知。是故誠其言，不識其歸趨，安可以語此事
> 哉！殊不知人人根腳下圓成，只日用之中，淨裸裸地，被一切機，
> 遍一切處，無幽不燭，無時不用。〔註31〕

在這段話中，圓悟指出，未體悟大道的人總以為大道太神奇，只有聖人才能證知，其實大道至簡，在每一個人當下的日常生活中發揮作用。儒家也認為，「道也者，不可須臾離也，可離非道也。」〔註32〕其實當下本來就已經「圓成」，人的實際存在狀態是一個超越一切二元對立的完全原初的現實世界，「人人腳跟下」是一個正在發生的境域，包含一切發展的可能性，包括頓悟成佛。頓悟成佛不是在過去，也不是在未來，而是在超越一切對立的當下，是在人們的日用生活之中。他指出，「若是宿昔蘊大根利智，便能於腳跟，直下承當，

〔註29〕弘學、李清禾等整理：《圓悟克勤——碧巖錄·心要·語錄》，成都：巴蜀書
　　　　社，2006 年，第 314 頁。
〔註30〕同上註，第 421 頁。
〔註31〕同上註，第 297 頁。
〔註32〕《中庸》。

不從他得。」〔註33〕因此，當下是進入禪悟的先決條件，是修禪的哲學基礎。禪的整個精髓，就是回歸當下，就是徹底而完全地活在當下。其實，當下是最寶貴的，因為當下是唯一的，過去從來沒有一個不是當下的時間，未來也不會有，而且當下是唯一一個能讓禪者悟道從而超越二元對立心智模式的點。

禪宗作為佛教的一個宗派，歸根到底是講如何了生死，如何解脫，如何成佛的問題。禪宗的禪法作為一種生命的智慧和藝術，力圖為人們實現這種理想提供方案。人既是自然的一部分，又是從自然分裂出來的獨立主體，向往與自然同樣具有永恆性、無限性。可以說，這種對與自然同一的向往是人的最深沉、最強烈的內在心態，這種心態讓無數禪者在探索生命奧秘的路上孑然而行。圓悟禪師非常重視人的現世，重視此岸，並強調當下去探求實現生命自覺、理想人格和精神自由的問題。他以平民的風貌、平實的言教、平等的心地，平和清素地廣接善眾，完成了他的大機大用，留下一串踏實的腳印。

圓悟禪師的「人人腳跟下」，體現出對生命價值的透徹認識和肯定，進一步突出了禪的鮮明而強烈的生活意味。禪的一切言說都是為人的解脫服務的，如果執著於概念系統，就脫離了實際。只有當下自識本心，自見本性，才能實現自我超越，解脫煩惱、痛苦和生死，成就為佛，即在有限、短暫、相對的現實中實現無限、永恆、絕對。「人人腳跟下」明確了禪宗心性哲學的現實基礎，發揮了禪宗直指的特色，解決了自達摩以來禪法一直模糊的現實哲學難題，是對慧能和馬祖禪學心性路線的重大發展與補充，具有重要的理論與實踐意義。

（二）「本有此段大光明」明確了禪法的現實努力方向與任務

「本有此段大光明」是圓悟克勤禪師禪法所依主體，整個禪修過程就是把禪者本有的光明覺性開顯出來。在《圓悟心要》及《圓悟克勤語錄》中，處處可以看到這樣的思想，這是圓悟克勤一個非常明確的命題。這一思想與《圓覺經》、《楞嚴經》等如來藏、唯識經典是一致的，與所有禪宗祖師的思想也是吻合的。這也是禪宗與教下的區別之所在，禪宗祖師總是開門見山就提出心性本體，把那個最終的果位境界說出來，雖然不容易理解，但是禪師總是反覆強調，因為這是禪法的立足點，要論禪法就必須由此講起。我們來看看圓悟對這個「光明本體」的描述：

〔註33〕弘學、李清禾等整理：《圓悟克勤——碧嚴錄·心要·語錄》，成都：巴蜀書社，2006年，第331頁。

輝騰今古，迥絕知見，淨裸裸沒依倚，常在目前，無毫髮相，寬同太虛，明逾杲日，天地萬物有成壞，此個無變無移，古人謂之不與萬法爲侶的人，亦號如來正遍知覺。〔註34〕

在這裡，圓悟詮釋了光明本體的存有論屬性，認爲此光「輝騰今古」，「淨裸裸沒依倚」，從古到今都光輝燦爛，清淨無比，「迥絕知見」，超越一切語言名相，是宇宙、生命的最終本源、本體，是人的原初眞性或本來面目，具有不生不滅、亙古常存的特質。此光「寬同太虛」、「明逾杲日」，天地萬物皆由此光而出，皆由此光而生，很明顯此光已不是普通的物理學意義上的光，而是產生天地萬物並主宰萬物的本體之光，是超越人們的日常經驗，無法用具體的語言表達，具有形上意味的光〔註35〕。「初非有無，不落塵緣，煒煒燁燁，莫測涯際。無眞可眞，無妙可妙，超然居意象之表，無物可以比倫。」〔註36〕在禪者的體悟中，「見到」整個宇宙虛空皆是神光，生命亦因此而超離於塵世、虛妄，獲得自在、快樂及圓通。「全機大用觸處見成，溢目清光貫通今古。一塵含法界，一念遍十方。盡大地是眞實人，總刹海爲大解脫。只在當人略回光相自著眼看，可以克證無生頓超方便，是故諸佛出世爲一大事因緣，祖師西來亦不出見性成佛。」〔註37〕此段大光明精微深妙，是人人具足的自心本性，也是「第八阿賴耶識轉成大圓鏡智煥發的大光明境界」。〔註38〕他說：「要須打辦精神，當陽承當擔負，如太虛日輪無幽不燭。」〔註39〕圓悟強調當下

〔註34〕弘學、李清禾等整理：《圓悟克勤——碧巖錄・心要・語錄》，成都：巴蜀書社，2006年，第321頁。

〔註35〕圓悟所說光明並非只是一種象徵，而是宗教經驗的現象學般之描述。由圓悟禪師對「光」的規定來看，顯然其所謂的「光」並不是日常生活中的「眼光」，而實爲「性光」。此「光」非知解可得，只有通過「逆覺體證」的「迴光返照」工夫，即只有通過直覺方可把握，這也充分說明了此「光」所具有的本體性特徵。很多禪宗祖師，在他們心性修養的見性體驗中，也經常提到與光有關的經驗現象。站在現代禪修現象學的立場，對此問題，我們嘗試以同理心去感同這種宗教經驗，而不是簡單地斷定爲虛妄或神秘，當然這種感同不是再造式的體驗，或是一次完全相同的宗教經驗，而是一種闡釋，這種闡釋需要同理心品性的介入，即宗教性意識的參與。

〔註36〕弘學、李清禾等整理：《圓悟克勤——碧巖錄・心要・語錄》，成都：巴蜀書社，2006年，第234頁。

〔註37〕同上註，第344頁。

〔註38〕參見吳言生：《禪宗思想淵源》，北京：中華書局，第322頁。

〔註39〕弘學、李清禾等整理：《圓悟克勤——碧巖錄・心要・語錄》，成都：巴蜀書社，2006年，第289頁。

承當，體悟光明佛性。事實上，對於本體之光的所有認識，顯然皆得自於禪師的悟道見性經驗。再來看看圓悟禪師對此段「大光明」功能的描述：

> 靈光未兆，萬彙含太虛；一氣既彰，花開世界起。過去諸佛、現在諸佛、未來諸佛，皆從個中出現。若人、若天、若群生，無不從是中流出。以一處明，百處千處光輝，一轉機，千機萬機歷落。所以道，淨法界身本無出沒，大悲願力示現受生。〔註40〕

在這這段文字中，圓悟禪師發揮他那洋洋灑灑的表達能力，描繪出大光明藏光華四射、澄明高遠的意境。所謂「靈光未兆」，大致相當於禪宗常說的「威音王前」，是指原初宇宙一無所有，絕對空寂的狀態。「萬彙」指宇宙萬物，「一氣」指本心。這裡主要是說明「光明本體」的功能，圓悟指出所有的佛都是出現在這「靈光」之中，宇宙萬物也是從這光中流出，因此，只要內心一處光明，所有的地方都充滿光輝。萬物皆從此光而生，亦因此光而有，一切現象的發生及變化，皆源自於此光。「況自己本有腳根，生育聖凡，含吐十虛，無一法不承他力，無一事不從他出，豈有外物為障為隔？但恐自信不及，便把不住去。」一切事物的現象都是心性之光的妙用，此光涵攝著全體萬有、身體百形，超越時空及一切的生滅變化，不會被外物所障礙。圓悟還說：

> 內外洞然唯一真實，眼耳鼻舌身意色聲香味觸法皆依他建立，他能透脫超越得如許萬緣，而如許萬緣初無定相，唯仗此光轉變。」〔註41〕

此段話清楚地講述著，無論是眼耳鼻舌身意所代表的主體本身的一切感覺思維、行為活動，還是色聲香味觸法所代表的宇宙萬物，皆是由此光的支持、轉變，方能成就。也就是說，此光即是一切，即是生發所有現象的根本源頭；若無此光的生養化育，則一切現象亦無從產生。這樣的說法，無疑已將光等同於類似道、空等終極性的實在，並可據之形成一套「光的形上學」。他說，「須知空劫以前，由他建立，至於窮華藏浮幢王剎，盡未來際，亦因他成就。」〔註42〕「如今照了本心，圓融無際，色聲諸塵那可作對，迴迴獨脫，虛靜明妙，要須徹底提持，勿會浮淺直下。高而無上，廣不可極，淨裸裸圓坨坨，

〔註40〕《圓悟錄》卷五，《大正藏》第四十七卷，第 736 頁上。
〔註41〕《佛果禪師心要》，《大正藏》第六十九冊，第 474 頁上。
〔註42〕弘學、李清禾等整理：《圓悟克勤——碧巖錄‧心要‧語錄》，成都：巴蜀書社，2006 年，第 678 頁。

無漏無爲，千聖依之作根本，萬有由之建立。」〔註43〕一切都是他的作用，是他光輝的顯現，他能成就一切法，能出生一切法，若人、若天、若群生，無不從他光中流出，這是從功能的角度詮釋心性本體。

我們可從上面的詮釋中概括出「大光明」的一般特性：其一是永恒性，自性之光亙古長明，永恒存在，無變無移；其二是清淨性，光輝燦爛而清淨，無任何污染；其三是源生性，具有生成論與本體論意義；其四是終極性，是一切的根本原因和最高存在；其五是超越性，此段大光明超越一切對立，不生不滅，不垢不淨，不增不減，無法用任何語言表達，把它說成是「大光明」也是一種方便。

圓悟禪師用「此段大光明」來詮釋「心性本體」，將「光」視爲生命之本源、本體，是人之本來而眞實的面目，那麼悟光就是悟道見性。比起後者，前者則顯然更爲具體明確，而且也更具可操作性，這樣禪者更容易明確禪法的現實努力方向與任務。圓悟的《心要》、《語錄》等說法經典，在繼承前人禪學思想的基礎上，進一步發展出了豐富詳細的心性論思想，不但使大光明的本體地位更爲穩固，而且還把理論和實踐相結合，詮釋了一套「迴光」的方法，從而使光的形而上學更爲圓融貫通。「迴光返照」的方法論，能使光明本體的呈顯得以實現，這一點我們在後面一章進行詳細論述。「人人腳跟下本有此段大光明」命題的提出，在禪宗史上具有重要的理論意義和實踐意義。

二、世界宗教文化背景下的「光明」問題

「光」的意象不僅是中國傳統宗教當中一項相當重要的主題，也是世界宗教文化的重要主題。站在世界宗教文化的背景下看，「一段大光明」的觀念可以說見於不同文明的生命智慧中。在世界各大宗教中，「光」無論從哪個方面來說都是一個非常重要的現象，它被認爲是神聖化了的生命體現。可以說，「光」是終極實在的外在表徵。雖然我們不必牽強附會地將圓悟克勤禪師的體驗與其它宗教的內在體驗拉在一起，但我們也不能否認宗教體驗的共性，因爲光之神秘體驗是普遍的宗教現象。因此，我們嘗試簡單探討一下世界宗教文化背景下的「光明」問題，考察不同宗教文化對「光明」的看法。

在西方宗教中，對「光明」是非常重視的。如基督教認爲，上帝在創造

〔註43〕弘學、李清禾等整理：《圓悟克勤──碧嚴錄・心要・語錄》，成都：巴蜀書
　　　社，2006年，第335頁。

世界的六天中的第一天,「起初,上帝創造天地。地是空虛混沌,淵面黑暗。」上帝創造了天地,但是在黑暗之中,地無法「顯」「現」「出」來,只是「空虛混沌」,然後,「上帝說:『要有光。』就有了光。」〔註44〕在《新約・約翰福音》當中,耶穌對眾人說:「我是世界的光,跟從我的就不在黑暗裏走,必得著生命的光。」〔註45〕基督教以上帝的名義來談光,認爲光是上帝賜予的,它使世界擺脫黑暗而顯現出來。在這裡世界是一個實體,但是黑暗卻使之完全消失,只有光出現了才能認識世界,認識生命,一切才昭然若白。「無形體的夜通過晨曦現出形體,正如光揭示和創造形體那樣,原光必然使混沌有條理並揭示和創造形體。」「光產生出了實際存在的透明、清徹、輕盈狀態」。〔註46〕這裡是說,光是呈現和創造一切的源泉,對於世界具有極端重要性。世界在沒有光的黑暗中隱而不顯,黑暗隱藏了世界,而光使世界萬物顯現出來。可以說沒有光,就沒有世界的顯現。光在世界中最明顯的體現是太陽,在柏拉圖的《理想國》中,善的理念的象徵物就是太陽。歷史上的摩尼教是波斯人摩尼在公元 3 世紀所創立,當時大約相當於中國的魏晉時期。摩尼教教義的核心,是說在世界的一開始,就有光明和黑暗兩個王國並存著,光明佔據北、東、西三方,黑暗佔據南方。在光明王國中的主神被稱爲「光明之父」,對光明的崇拜由此可見。

在東方宗教文化中,同樣有很多關於「光明」的論述。如中國先秦有將最高的境界描繪爲光明的傳統。早在《周易》中,就有關於「光」的說明。「《周易》全書一再使用『文明』一詞。『文』既指卦象,又有美的意思,因此將『文』與『明』相聯也就包含了這樣的意思:即美是與明亮的光相聯的。」〔註47〕明代心學家王陽明與在臨終前說:「此心光明,亦復何言?」。同許多宗教信徒一樣,心靈光明,死亡已經不再是恐懼。在陽明看來,對光明的體悟足可以抗拒生死的考驗和困惑。道教內丹學將人的元神、本性解釋爲「先天以來一點靈光」。在佛教之中,可以看到,對光明的追求是貫穿始終的。從本體來說,佛教的本體是光明,對佛教的最高境界來說,也是光明世界。在大乘佛

〔註44〕 以上聖經經文來自和合本《聖經・創世紀》,中國基督教三自愛國運動委員會、中國基督教協會發行。

〔註45〕 《新約聖經・約翰福音》,1994 年版,第 234 頁。

〔註46〕 〔德〕朋霍費爾(Dietrich Bonhoffer)著:《創世與墮落》,朱雁冰、王彤譯,北京:華夏出版社,2007 年,第 146 頁。

〔註47〕 劉綱紀:《周易美學》,武漢:武漢大學出版社,2006 年,第 282～283 頁。

教經典的描述中，每次佛陀開始講經說法之前，總會有類似「放眉間白毫相光，照東方萬八千世界，靡不周遍，下至阿鼻地獄，上至阿迦尼吒天……」〔註48〕的奇妙景象出現。圓悟禪師雖然並不是第一個用光來說明心性本體的，但卻是第一個明確提出「人人腳跟下本有此段大光明」命題的禪師，縱覽《圓悟心要》一書，不難發現圓悟禪師對所證見之光的體驗是一種形上的體驗，這種形上的體驗使光區別於普通的光，具有本體的意義。他說：「還有一法與他為伴侶麼？所以道：他能成就一切法，能出生一切法；一切諸佛依之出世，一切有情因他建立，六道眾生以他為本。只如諸人，即今在此座位，悉從他光中顯現。」〔註49〕在圓悟禪師的描述中，此光獨耀，不與萬法為侶，超越一切二元對立，然而一切事物又都離不開它，都要依靠它的力量才成立。這是一種與生命終極關懷有關的體驗，這種體驗使禪師體證到了生命的光明本體，從而超越一切世俗的恐懼與不安，從此自由自在地生活。

從這些例子可以看出，人類生命的本體以及創造萬物的造物主，和光都有著千絲萬縷的關係，同時也不難看出光的意象在宗教當中的重要程度。對於這樣重要的現象與主題，自然吸引了不少學者專家的注意及探討。比如，近數十年來，已有不少德法的學者，針對猶太教及基督宗教的經典與教派所涉及到光的部分，做過全面而深入的探討。著名宗教學者伊利亞德（Eliade）在對各宗教涉及的光進行比較研究之後，指出所有類型的光的體驗都有著共同的因素：「它們使一個人脫離其世俗的宇宙或歷史的狀況，將他投入一個在質上完全不同的宇宙，一個具有根本區別的超越的神聖的世界。這個神聖的超越的宇宙的構造依據人的文化和宗教而有不同。儘管如此，共同的因素還是存在的。就是說，通過與光的交會而被啟示出來的宇宙與世俗的宇宙形成對立並超越後者，因為它在本質上是精神性的，換言之，唯有具有靈魂者才能達到它。對光的體驗通過揭示靈魂的世界而從根本上改變了主體的存在論狀況……這種超自然的光的意義是直接地傳達給體驗者的靈魂的……證見這種光也就突破了主體的存在，向它揭示出，或者使他較以前更為清楚地看見了那個精神的、神聖性的、自由的世界；簡而言之，這是作為神的創造物的存在，或是由於神的臨在而聖化了的世界。」〔註50〕伊利亞德憑藉其淵博深

〔註48〕 參見《妙法蓮華經》卷一，《大正藏》第四十四冊，第 2 頁中。

〔註49〕 《圓悟佛果語錄》卷八，《大正藏》第四十七冊，第 753 頁上。

〔註50〕 轉引自張琰：《〈太乙金華宗旨〉的丹道理論探微》，《中國道教》，2008 年第 6 期。

廣的宗教學養，全面的檢視原始宗教以及東西方幾個主要宗教對於光的詮釋與理解，提出了一個觀點：各宗教對光的體驗都是一種形上的體驗，體驗到神秘之光，就能超越肉體之限制，達於永恆和無限，此體驗是一種與生命終極關懷有關的體驗。可以說，沒有這種體驗，對生命的終極關懷就得不到實現。〔註51〕在宗教的視域之中，可以說，其對象主要是作爲個體的人，宗教的指向是個體的心靈世界，它使人體驗到自己的光明存在，從而超越生死。

綜上所述，在世界各大宗教中，光是一個非常重要的現象，是終極實在的外在表徵。中西哲學和宗教（特別是宗教）都有將關於終極實在的感性特徵描述爲光明性的存在的特徵。不論是已經消失或現今依然存在的幾個制度性大宗教當中，光或與光相關的種種意象（比如火、燈、日月、金玉、明珠等），無疑都是一個相當重要的現象與主題。因此，我們站在世界宗教的背景來探討圓悟禪師對光明本體的詮釋是很有意義的。無疑，相對其他文化來說，圓悟禪師是在體悟的基礎上對心性本體的光明特質進行詳盡無遺的詮釋，體現了他圓融綜合、雅俗共賞的禪法特徵。這些詮釋對我們理解心性本體的特徵與功能有很大作用，也爲現代人探索心靈奧秘提供了方向。從某個角度講，「光明」也是我們在理解中國傳統宗教、哲學及世界宗教文化的一大關鍵所在。

〔註51〕此部分主要參考了臺灣學者蕭進銘先生的文章，網上搜索：http://sobar.soso
.com/tie/1901763.htm。他在其《丘處機迴光說的內涵、淵源及發展——兼比
較禪宗的「迴光返照」說》（上）和《光、死亡與重生——王重陽內丹密契經
驗的內涵與特質》兩文中，曾對「光明」問題作了比較詳細地論述。

第四章 「轉迷爲悟」的工夫論

　　圓悟禪師在禪修實踐方面，繼承了禪宗傳統中的現實主義工夫論品格，但又有新的特點。他在批判宋代出現的膚淺的「無事禪」的基礎上，強調眞修實證，「以悟爲期」，提倡「念茲在茲，忘緣體究」地參公案，重視悟前漸修和悟後履踐，同時，在他那裡，「迴光返照」思想得到進一步詮釋。雖然說，禪宗是強調直截了當地悟明本體，其工夫理論體現爲工夫即本體的圓融不二性〔註1〕，但是在開悟之前，大多數人必須通過漸修的工夫才能最終達到對心性本體的頓悟。因此整個禪宗哲學的理論與實踐活動的重心就是「如何做工夫」，如何「轉迷爲悟」。在圓悟禪師的著作中，非常詳細地詮釋了「轉迷爲悟」的工夫論思想，這些思想對後世的「看話禪」與「默照禪」都有重要影響。

　　工夫活動必然體現修持者的境界，所以自達摩以降至南能北秀繼而五家七宗皆各有其禪門風格，所有的風格都是修證者的外在表徵，都是其工夫論的具體表現。〔註2〕本章是對圓悟工夫論哲學思想的個案討論，期望由「轉迷

〔註1〕 禪宗是最爲典型的中國化佛教宗派，主張「以心傳心」，直傳佛的心印，因此又稱佛心宗。「以心傳心」的心，指佛心，光明自性。意思是師父不依靠經論，不是通過語言文字使人理解佛理，而是離開語言文字直接面授弟子，截斷弟子的妄想之流，使弟子自悟無上菩提之道，這也叫做傳佛心印。弟子爲師父當下直接認可而得到的心印稱爲「正法眼藏」，即是得到佛教正法。這樣由師父傳弟子，一代一代内證相傳，構成禪宗的「法脈」。禪宗的特徵通常被概括爲「不立文字，教外別傳，直指人心，見性成佛」。

〔註2〕 從歷代禪師的著作看，禪宗並不關注如何認識世界，以滿足外在需要的問題，不關注世界觀、宇宙論的問題，它在這方面的理論貢獻較小。惟有對禪修方法極爲重視，探討、辯論和創造甚多，棒喝、機鋒、語錄、公案、古則、話

爲悟」工夫理論的問題意識的呈現，考察圓悟禪師工夫理論的基本觀點，嘗試用新的眼光解讀其思想與風格。

第一節 迷與悟

　　人人腳跟下皆有大光明，問題在於迷悟而已，常人迷此大光明，禪師悟此大光明。禪宗的整個修行過程可歸爲「轉迷爲悟」，普通人由於「我法二執」而有「無明」之「迷」，禪師們由於「人法二空」而成「菩提」之「悟」，因此迷與悟是兩種心靈狀態，是兩種人生境界。每一個時代的禪師都走在這條「轉迷爲悟」、「返本還源」的路上，他們到達了目的地，享受心性光明的觀照，實現心靈的自由屈伸，然後回歸社會，幫助有緣之人也轉迷爲悟，在他們對學徒開示的語錄中，對迷悟問題有一定的探討。圓悟禪師是一位比較典型的例子，縱觀他的說法，對迷悟問題有比較詳細深入的詮釋，具有一定的創新性。這一節我們圍繞他對「迷」與「悟」狀態的描述，考察他的迷悟論思想。

一、「妄想翳障」的自性遮蔽

　　「迷」是常人的狀態，那麼我們要問，「迷」什麼呢？迷失論反省心性光明本體失落的原因，可以幫助我們理解這個問題。「迷頭認影」〔註3〕是佛教對「本來面目」失落的典型象徵。「頭」象徵「本來面目」，「影」象徵妄相，「迷頭認影」的含義就是指常人迷失本心，膠固妄相，執幻爲眞，認同思想之流，把思想者看成了自己，猶如癡人照鏡，認同了鏡中的頭影，認爲頭的影子是自己，反而以爲自己的眞頭丟失，滿世界尋找自己的眞頭。圓悟禪師對此問題有自己的表述，他說：

　　　　頭、默照，甚至呵祖罵佛等教學方法和參禪法門，令人目不暇接，而這形形色色的禪法，都是從心性思想發揮出來的種種工夫論應用。禪宗的種種修行方法，不同的途徑，也都是以達到見性成佛爲目的的。可以說，中國禪宗在瞭解體悟人的心靈方面所取得的成就傲然居於人類對於心靈研究體驗的最前沿。

〔註3〕經云：「室羅城中演若達多，忽於晨朝以鏡照面，愛鏡中頭眉目可見，嗔責己頭不見面目，以爲魑魅，無狀狂走，於意云何，此人何因無故狂走？……忽然狂歇，頭非外得。縱未歇狂，亦何遺失？富樓那，妄性如是？因何爲在？汝但不隨分別世間，業果眾生三種相續，三緣斷故，三因不生，則汝心中演若達多，狂性自歇，歇即菩提」。《楞嚴經》卷四，《大正藏》第十九冊，第121頁中。

> 初無污染，本性凝寂，但爲妄想倏起翳障之，束於六根六塵，
> 爲根塵相對黏膩執著，取一切境界，生一切妄念，汨沒生死塵勞，
> 不得解脫。〔註4〕

圓悟禪師在這裡強調最初的本性沒有任何污染，只是在妄想忽然起了之後，遮蔽了光明本性，使人沉溺於世俗的生死塵勞之中，不得自由，因此妄想分別是輪回果報之因，只有無分別造作、常行平等，才能超越輪回、解脫成佛。人人雖然皆有光明佛性，但人實際上可能感覺到自己很不自由，活得很不自在，被重重的網羅束縛著。這是因爲生命的光明本體沒有直接發用，而是穿透一層層的障蔽才發揮作用的，因而打了很大的折扣，人們往往忘了自己的光明佛性，執著外在的事物。

心性本來面目猶如太陽，自然光明，但猶如天空中的太陽常常受到烏雲的遮蔽一樣，心性也常常受到欲望、功利、習俗和意見的遮蔽。圓悟說，「然此心雖人人具足，從無始來，清淨無染，初不染著，寂照凝然，了無能所，十成圓陀陀地。只緣不守自性，妄動一念，遂起無邊知見，漂流諸有。」〔註5〕人人雖然具足自性光明，但不守自己的空性，生起妄念，被無數的念頭遮蔽，生活在無明的狀態下，以自我爲中心，處處分割整體，不能領悟存在的整體性和變化性，即不能體悟空性。伴隨分割而來的是衝突和暴力，伴隨分割而來的是無數的問題，而且沒有解決的辦法。而存在的眞相是整體一致、永恒變化的，這就是空相，所有的語言和概念只能部分地、暫時地描述它，人類如果沉溺在語言概念裏面，永遠不能理解存在的眞相。人過度執著自我，就會有很多煩惱，內心的語言總不會停止，形成一個自我思想的王國，把自己封閉在裏面走不出來。圓悟禪師對人的這種迷己逐物傾向有精細的論述，《心要・示張子固》云：

> 蓋此生佛未分以前，廓徹明妙，了無依倚，卓然獨存。但以一
> 念逐緣，背此眞體，遂生如許不相應事業，熠熠地漂流，無暫停息。
> 取境既熟，心源渾濁，習以爲常，見聞皆不出聲色，只以迷妄自縛。
> 及至體究大解脫，渺渺茫茫，莫知涯際，識浪滔滔，未嘗暫住，故
> 無由造入。〔註6〕

〔註4〕 弘學、李清禾等整理：《圓悟克勤——碧巖錄・心要・語錄》，成都：巴蜀書
　　　社，2006年，第275頁。

〔註5〕 《圓悟錄》卷十五，《大正藏》第四十七卷，第785頁中。

〔註6〕 弘學、李清禾等整理：《圓悟克勤——碧巖錄・心要・語錄》，成都：巴蜀書
　　　社，2006年，第290頁。

圓悟認為，自性光明在眾生與佛未區分之前，卓然獨存，但以一念追逐外緣，執著外在的對象，將一切由思想、印象、情緒所構成的集合體當成了自己，產生了一個心理上的自我，從自我出發，執著外境，忘了真我，習以為常，內心的衝突如滔滔大浪一樣從未停息過，這樣很難回返心靈的源頭，很難認識到真正的自我。「佛祖以禪道設教，唯務明心達本，況人人具足，各各圓成，但以迷妄，背此本心，流轉諸趣，枉受輪回。」〔註7〕常人總是活在自己的語言世界中，看見任何事物都會自動地將它用語言描述出來，並且這個過程自己並不知道。但是，生活本身永遠是變化的，永遠是新鮮的，而語言則總是過去的東西，是陳舊的。透過喋喋不休的頭腦，人們錯過了生活存在本身，錯失了生命，成了語言的奴隸。其根本原因就是迷失了真我，認同了由語言等後天名相構成的自我，很難放下，享受不到寧靜的生活本身。

圓悟禪師對常人心靈迷失狀態的詮釋非常到位，在他看來，迷失中的人們無法自由，只有通過修行去除障蔽，斬斷葛藤，直截了當地親證自己的生命本體，使之在自己的生命中直接發用，人才能真正實現自由。由於人的迷誤，帶來了很多煩惱，造成了很多問題。因此，禪師們把開發心靈世界，轉迷為悟，實現心靈自由，作為人生的主要任務和最大追求。他們從自性世界流出的話語構成了一幅幅美麗的思想畫卷，在整個人類的思想中，具有無可比擬的價值與魅力。對於迷失中的人們來說，只有進入空靜之境，才能體悟空性之理，回歸整體，完整地看待生命，認識到整體為個人存在，個人為整體存在。也就是說通過放鬆、入靜，領悟萬物皆是互相關聯，並沒有獨立不變的自我，超越假我而進入真我，內心才能和諧，生活才能快樂。

二、「如暗得燈，如貧得寶」的覺悟狀態

「開悟」、「明心見性」等經驗，是佛陀及禪師們所據以形成其宗教思想的根本基礎，因此，仔細而深入地探究這些頓悟體驗的具體內涵及特質，很顯然是理解其思想的關鍵。經由參禪的修煉而頓悟心性光明本體的經驗，無疑也是圓悟禪師據以建立其禪學思想的根本基礎。圓悟禪師的開悟過程具有典型性，他本人對開悟的感受也有比較詳細的論述。這一部分，我們嘗試考察圓悟禪師頓悟經驗的內涵、過程及理論基礎，並進一步反省這種經驗的意

〔註7〕弘學、李清禾等整理：《圓悟克勤——碧巖錄・心要・語錄》，成都：巴蜀書社，2006年，第331頁。

義及可能性。這樣的考察，除有助於瞭解圓悟禪師本人的思想言行外，也可以看到中國宗教、哲學理論形成方式的一種典範。此外，也有助於我們深入探究人類生命超越思想經驗層次的深度內涵與奧秘。

　　圓悟是通過參公案開悟的，其過程富有藝術色彩。《圓悟克勤禪師語錄》卷十二載：「所謂學道之人不識真，只為從前認識神，無量劫來生死本，癡人喚作本來人。只如二祖豈不會作許多道理，因甚麼只答道：覓心了不可得。須知達磨當頭一拶，二祖當下如暗得燈、如貧得寶，見徹根源。此中不喚作心，不喚作佛，亦不是物，直似紅爐上著一點雪相似。山僧頃日問五祖和尚：二祖云覓心了不可得，畢竟如何？他道：汝須自參始得這些好處，別人為汝著力不得。參來參去，忽因舉頻呼小玉元無事，只要檀郎認得聲，忽然桶底脫，庭前柏樹子也透，麻三斤也是，玄沙蹉過也是，睦州擔板也是，不落因果也是，不昧因果也是，三乘十二分教，二六時中眼裏耳裏，乃至鐘鳴鼓響驢鳴犬吠，無非這個消息。」〔註8〕圓悟禪師敘述了自己開悟的過程，他在聽到一句豔詩後，在老師五祖法演的幫助下，頓然而悟，心地發明，悟後才發現所有的公案、教理都是超越語言、不可言喻的「本地風光」的表徵，所有的公案都平等無別。我們要注意，圓悟在開悟前，反覆參二祖「覓心了不可得」這個公案，收攝身心，到專一之境，才由外來之境助其開悟。在這一過程中，圓悟經過了長期的磨礪，做了非常細密的工夫，在行住坐臥中一心一意地參公案，這樣以一念抵制萬念，時機成熟終於開悟。圓悟禪師對「悟」有精到的論述，他說：

　　　　所以道：舉不顧即差互，擬思量何劫悟。本分衲僧，不要思量分別，直須求個悟處。言悟者，如失一件物多年廢置而一旦得之。又如傷寒病忽然得汗，直是慶快也。將知悟心見性，非思量分別，所以證入金剛正體，自然互古互今，廓周沙界。水不能溺，火不能燒，世界壞時，此個常住，為山河大地之本，六凡四聖之家，而蘊在各各當人方寸之下。〔註9〕

　　　　放教身心如土木，如石塊，到不覺、不知、不變動處，靠教絕氣息，絕籠羅，一念不生。驀地歡喜，如暗得燈，如貧得寶，四大

〔註8〕《圓悟克勤禪師語錄》，《大正藏》第四十七卷，第768頁上。

〔註9〕弘學、李清禾等整理：《圓悟克勤——碧巖錄・心要・語錄》，成都：巴蜀書社，2006年，第466頁。

> 五蘊輕安，似去重擔，身心豁然明白，照了諸相，猶如空花，了不
> 可得，此本來面目現，本地風光露。一道清虛，便是自己放身捨命，
> 安閒無為快樂之地。千經萬論只說此，前聖後聖作用方便妙門只指
> 此。〔註10〕

這裡圓悟談到「悟」的身心感受，以類比手法對「悟」進行了比較詳細的詮釋，指出開悟如同貧窮的人得到了寶貝，黑暗中得到了光明，東西失而復得，生病發汗而痊癒，放下重擔而輕鬆，這些很生活化的類比讓人對開悟的內涵容易理解。此時，禪師明白了自己的本性是不生不滅的，從此會以一種全新的眼光看世界，整個心靈都將以一種不同的格調活動，會感到無比的快樂和滿足。這是一種超越的、不帶任何偏見的眼光，是一種最高的心靈境界。在這種狀態下，無論做什麼，無論在哪裏，生命都是一種享受，都是一種樂趣。也就是說，「悟」就是「自見本性」，就是徹見自身的光明佛性。用現代的話來說，「悟」是一種內在的知覺——不是對個別的對象的知覺而是對實在本身的知覺。悟的最後歸宿是自身，除了回歸到自身之外別無他處。

　　圓悟禪師也描述了開悟後的情形，他說：「直下如懸崖撒手，放身捨命，捨卻見聞覺知，捨卻菩提涅槃、真如解脫，若淨若穢一時捨卻，令教淨裸裸赤灑灑，自然一聞千悟，從此直下承當。卻來返觀佛祖用處，與自己無二無別，乃至鬧市之中，四民浩浩經商貿易，以至於風鳴鳥噪，皆與自己無別，然後佛與眾生為一，煩惱與菩提為一，心與境為一，明與暗為一，是與非為一，乃至千差萬別悉皆為一。方可攪長河為酥酪，變大地作黃金，都盧混成一片。」〔註11〕圓悟禪師在這裡指出，開悟後佛與眾生為一，煩惱與菩提為一，一切差別都為一，都是空性的顯現。然後就可攪長河為酥酪、變大地作黃金，這是一種極為奇妙的絕對平等境界，是圓融的極致，是見山只是山式的禪悟直觀，也是歸家穩坐、回歸於生命本真的體驗。不論置身何處，都充分把握現境，才能獲得真正的瀟灑自由。參禪者通過能所俱泯的頓悟，回歸於與世界未分離時的無心狀態，認識本來面目，從而獲得生命的大自由、大解脫和大智慧，由此，也使人生獲得了超越，從而有限的生命獲得了某種永恆。可見，悟的本質是能所俱泯。或者說，禪悟就是就是讓人們重新獲得一

〔註10〕弘學、李清禾等整理：《圓悟克勤——碧巖錄·心要·語錄》，成都：巴蜀書
　　　　社，2006年，第286頁。
〔註11〕同上註，第472頁。

種生活的新見解，而這種新見解，人們早已本自具足，只是隨著二元性的邏輯思維而逐漸遺忘。如今通過這種新觀點，會用一種料想不到的心境去看整個環境，恢復單純喜樂的自家風光。

　　圓悟禪師對開悟非常重視，他指出悟是入理之門，在修行過程中是一個重要的里程碑，他在《心要・示諧知浴》中說：「要須最初入作，便遇本分人，直截根源，退步就己，以鐵石心，將從前妄想見解、世智辯聰、彼我得失，到底一時放卻，直下如枯木死灰，情盡見除，到淨裸裸、赤灑灑處，豁然契證，與從上諸聖不移易一絲毫，諦信得及，明見得徹，此始爲入理之門。」〔註12〕在這裡，圓悟的開悟觀非常清楚：首先要做一個本分人，放下一切妄想知見，進入清淨的狀態，到淨裸裸的空隙地方，豁然契證，這就是頓悟，頓悟了才是進入了修行的大門。他說：「但靜默沈審，然後舉看，攸久之間，須知落處去。若以語言詮注，語言只益多知，無緣入得此個法門解脫境界。諦信諦信，以悟爲則，勿嫌遲晚。」〔註13〕圓悟還針對當時學人過多注重理性知識的弊病提出批評，《心要・示嚴殊二道人》云：「初則須大悟，若只認門頭戶底，作窠窟，說路布，立機境、照用、取捨、解會，則不徹也。……古人以生死事大，是以訪道尋師抉擇，豈可只學言語，理會古人公案，下得三五百轉好語，便當得也。」〔註14〕圓悟認識到當時的學人過於注重多聞多解，忘了眞修實證，因此強調修行的首要任務是大悟，見到自己的本來面目，否則只學言語對生死問題毫無用處。他針對時代弊病，強調「以悟爲期」、「以悟爲則」。他說：

　　　　道無方所，明之在人。法離見聞，斷之在智。若能頓捨從來妄
　　　想執著，於一念頃頓悟自心頓明自性，不染諸塵不落有無，自然法
　　　法成見。然雖此事不可造次領會，須是發大丈夫慷慨特達之志，不
　　　顧危亡，不拘得失，存個長久鐵石身心，逢境遇緣不變不異，時時
　　　著眼體究，不論歲月以悟爲期。〔註15〕

圓悟禪師批判那些向意跟下尋思的人，指出禪所有的工作（包括修習和教理的工作）都以「悟」爲目標，但是這個目標不可隨便領會，鬚髮大丈夫的慷

〔註12〕弘學、李清禾等整理：《圓悟克勤——碧巖錄・心要・語錄》，成都：巴蜀書
　　　　社，2006年，第478頁。

〔註13〕同上註，第309頁。

〔註14〕《續藏經》第120冊，第777～778頁上。

〔註15〕弘學、李清禾等整理：《圓悟克勤——碧巖錄・心要・語錄》，成都：巴蜀書
　　　　社，2006年，第422頁。

慨志向，長期體究。可見，真正的禪的生活是從「悟」開始的。「悟」是禪存在的理由，沒有「悟」，便沒有禪。在圓悟看來，修禪的真正目的，絕非只在追求身體健康、益壽延年，也不是追求哲學上的理解，而是在復返宇宙、生命之形上源頭，在體悟大道以及見到自己本來而真實的光明面目。換言之，在圓悟禪師的眼中，禪的追求，是一種形而上或內在靈性的精神追求，是一種終極性、本質性及根源性的關懷，因此須超越一切是非得失，不論遇到什麼情況都「不變不異」。禪師對世界的觀察，有其自己的方式，那是一種內在的知覺，是對事物本性的一種直接的察覺，禪師管這種境界為「悟」。禪的修煉，自始至終，皆以禪宗標榜的「明心見性」、頓悟成佛為最高目標。

在禪宗歷史上，圓悟的開悟過程是一個相當典型的範例。因此，對於他的開悟經驗及思想進行探討，是瞭解其禪學思想的關鍵所在。另外，開悟經驗做為一種獨特而深刻的人類心靈經驗，實際上展現出人類生命超越於日常感官經驗及後天身心意識結構的一種可能，同時也彰顯了人類精神生活中的一種理想狀態。從這樣的考察當中，我們可以清楚地看到中國古代的宗教家及哲學家所據以建立其宗教、哲學體系的典型範例。這種範例，在中國宗教、哲學傳統當中，相當具有代表性。因此，對於這種主題的探討，將可使我們更加清楚地瞭解中國宗教、哲學在世界觀與方法論方面不同於西方以分析為中心的主流傳統的重要特質。

第二節 「念茲在茲，真參實究」的公案禪

圓悟禪師悟門廣大，在具體方法上，他對症下藥，對於不同基礎的人施以不同的教法。元代中峰明本禪師評價圓悟禪師說：「於無言中顯言，無象中垂象，應機隨器解其所縛，去其所重，多不病繁，少不病簡，縱橫得要，左右逢原。其痛快直捷，貴馬師一口吸盡西江；細密操持，重岩頭只守閒閒、德嶠於心無事；其為初機，必使其真參實究、廢寢忘餐、雙泯愛憎、兩忘身世，機輪活脫，不滯一隅，捩轉面門，一口咬斷，返擲踞地，豈容湊泊？」〔註16〕可見圓悟的禪法圓融通透，大俗大雅，不拘一格。他對具體的修行法門多有論述，其中對公案禪的方法解釋比較詳細。這一部分我們考察圓悟禪師的「參公案」具體法門。

〔註16〕元天目中峰禪師明本：《題圓悟和尚心要》，《大正藏》第四十八冊，第 458 頁。

一、關於「公案禪」

　　所謂公案禪，簡單地說，是一種專心致志、持續不斷地參究一個公案，由此掃蕩一切情識、知解達到「無心」妙悟，回歸心性光明本體的目的的禪法。那麼，公案禪是如何產生的呢？實際上，公案禪是在宋代禪師整理唐代禪師言行的過程中形成的。宋代禪師對古人言行有很高的興趣，他們把古人的言行作為一種參究的對象，也就是說通過參究公案來修禪，這種有關公案的活動一直持續到南宋大慧宗杲的看話禪的出現。所以說公案禪無疑是宋代禪宗思想史的中心問題，其產生和演變的歷程值得專門研究。伴隨著公案禪的興起，各種公案集的編纂和拈古、頌古的活動如火如荼，出現了《雪竇頌古》、《碧巖錄》等權威性著作，給宋代文化增添了不少風采。

　　所謂公案，原是指官府的案牘。官方的法條，具有一種權威性、典範性，是用來解決問題的依據。禪宗引用這個概念，用來指稱禪師為了破除學人的執迷，促其開悟而運用的一些言語、行為等表徵。所以說公案可以定義為一種直指心性本體的具有使人深刻自省的語言動作等表徵。禪宗公案是在漫長的歷史過程中逐漸形成的，是體現禪宗與中國佛教其它各派之間的顯著差異的一個十分突出而鮮明的特徵。佛教其它各派，都有自己所依據的印度佛教經典，作為開宗立派的理論依據，如天台宗以《法華經》為主要理論依據。而禪宗則不同，主要以禪師自己體悟的經驗為傳道的依據和斟驗的準繩。在禪師傳道的過程中，根據不同的時節因緣，對弟子進行開示，這些開示被後人整理，稱為公案。圓悟克勤在其著作《碧巖錄》中談到「且如諸佛未出世，祖師未西來，未有問答，未有公案已前，還有禪道麼？古人事不獲已，對機垂示，後人喚作公案。」〔註17〕圓悟明確指出公案是一種教學方式，是為傳法服務的。從無所得之第一義諦而言，本無公案，只因條件限制，不得不用種種方便來教導後學。而這些教學手段可以用來幫助後人參究學習，領悟大道。《碧巖錄》序文裏記錄了一位三教老人談公案功能的話：

　　　　嘗謂祖教之書，謂之公案者，倡於唐而盛於宋，其來尚矣。二字乃世間法中吏牘語。其用有三：面壁功成，行腳事了，定盤之星難明，野狐之趣易墮，具眼為之勘辨，一呵一喝，要見實詣，如老吏據獄讞罪，底裏悉見，情款不遺，一也。其次則嶺南初來，西江

〔註17〕弘學、李清禾等整理：《圓悟克勤——碧巖錄・心要・語錄》，成都：巴蜀書社，2006年，第211頁。

未吸，亡羊之歧易泣，指海之針必南，悲心爲之接引，一棒一喝，
要令證悟，如廷尉執法平反，出人於死，二也。又其次則犯稼憂深，
繫驢事重，學弈之志須專，染絲之色易悲，大善知識爲之咐囑，俾
之心死蒲團，一動一參，如官府頒示條令，令人讀律知法，惡念才
生，旋即寢滅，三也。具方冊，作案底，陳機境，爲格令，與世間
所謂金科玉條清明對越諸書，初何以異？祖師所以立爲公案，留示
叢林者，意或取此。奈何末法以來，求妙心於瘡紙，付正法于口談。
〔註18〕

三教老人從修行實踐的立場闡明公案的三種功用，基本上指出了公案在歷史
上的地位。任何一種思想學說的傳播僅靠口耳授受是難以廣泛流傳並傳之久
遠的，思想必須通過文字形式記錄下來，才能作爲一種精神傳統流傳後世。
把古代禪師的言行作爲公案加以整理，爲後人提供了追憶和恢復早期禪宗精
神與活力的可資憑證的文獻形式，避免了很多禪修弊病，所以說宋代公案的
盛行其意義就在於此。

從唐末五代舉話活動開始，公案被禪僧們廣泛運用。五代出現了五家宗
派，禪師們留下了很多公案，變得越來越繁雜。因此，宋初出現了整合公案
的活動，將公案分門別類，整理成書，方便後學修行。然而，到了北宋中葉，
黃龍派禪師看到這種這種將公案分門別類的活動愈演愈烈，則開始反對宋初
的將公案分門別類的傾向，他們強調「明心見性」是禪宗唯一的「理」，否定
五家宗旨的價值，消解各派的區別，實現了新的禪宗整合〔註19〕。臨濟宗楊
岐派繼臨濟宗黃龍派之後佔據宋代禪宗主流地位，他們完成了公案禪的最後
演變。楊岐派法演禪師是圓悟克勤的師傅，他強調：

須是猛著精彩，提個話頭，晝參夜參，與他廝捱。不可坐在無
事甲裏，又不可在蒲團上死坐。若雜念轉斗轉多，輕輕放下，下地
走一遭。再上蒲團，開兩眼，捏兩拳，豎起脊梁，依前提起話頭，
便覺清涼，如一鍋沸湯攙一杓冷水相似。如此做工夫，定有到家時
節。〔註20〕

〔註18〕 弘學、李清禾等整理：《圓悟克勤——碧巖錄・心要・語錄》，成都：巴蜀書
社，2006 年，第 8～9 頁。
〔註19〕 參見〔日〕土屋太祐：《北宋臨濟宗楊岐派的公案禪》，《中國哲學史》，2006
年第 3 期。
〔註20〕 《大正藏》第 48 卷，第 1098 頁。

這段話將參公案的方法說得很清楚，並且出現了「話頭」二字，可能是後來「看話頭」禪法的先聲。法演禪師把公案當做一種幫助禪觀的工具，圓悟克勤繼承五祖法演的禪法，用公案來幫助集中精神。因此，他反對用理性知解的方式去瞭解公案，將公案高度抽象化，將其僅僅作為一種幫助禪修的工具，因而形成了自己獨特的公案禪思想。這些思想對圓悟的弟子大慧影響很大，他在此基礎上提出了影響後世禪宗一千多年的「看話禪」，所以說「公案禪」是「看話禪」的先聲，在圓悟的時代，已經基本上具備「看話禪」的因素。

二、「念茲在茲，真參實究」的參禪要求

圓悟禪師在繼承其師傅五祖法演禪師的參禪思想基礎上，提倡參公案。他對各種公案的熟悉程度非同尋常，對其宗旨也深有體會，因此他提倡「參透一個公案，就等於參透所有公案」[註21]的思想，將紛繁複雜的公案簡單化，這樣有利於禪的修行，有利於明心見性。他對參公案進行了非常詳細的詮釋，很有自己的特色。

首先，圓悟解釋參公案的具體方法，強調真參實究。參公案息妄見性，可看成定慧法門。在一個公案中疑著，將六根收攝，定止於此，久而久之則能以一疑息滅一切妄想，達到言語思量都寂滅的境界，這是定境。在這定處無所想，繼續返照，到極處「打破黑漆桶」，得見空明澄徹境界，這就是由定生慧。圓悟說：

> 參問之要，當人不論曉夕以為事，長令念茲在茲，自覷捕，蕭然絕情識，忘思量，一旦桶底子脫，心上更不見心，佛上豈假作佛，得大休歇場，虛閒寂靜，無相無為，無執無住，祖師言教，更不明別事。所謂了得身心本性空，斯人與佛何殊別？但自體究，終有個入處，卻來證據，乃是了事人也，子細看之。[註22]

這一種「參」的追頂功夫，超越一切單純哲學式的理性追問，它不是邏輯思考，而是直覺式的生命回歸，回歸本來無煩無惱的清淨境界，統一於「當下」的慧日朗照。參公案並打成一片，將日常世界與徹悟境界整合，看透世間出世間的一切差別性與同一性，彙歸在自性光明中，由此領悟當下不生不滅、

[註21] 弘學、李清禾等整理：《圓悟克勤——碧巖錄·心要·語錄》，成都：巴蜀書社，2006年，第69頁。
[註22] 同上註，第309頁。

本無動搖、本來具足的「法」。這可能是「公案禪」在唐末五代及北宋流行的一個重要原因。圓悟針對當時學人好從理性知解的角度去理解公案的意義的問題，提出看公案不能用理性思考，而應集中精神，在公案的幫助下發明心地。他說：

> 初機晚學，乍爾要參，無捫摸處。先德垂慈，令看古人公案。蓋設法繫住其狂思橫計，令沈識慮到專一之地，驀然發明，心非外得，向來公案乃敲門瓦子矣！只如龐居士問馬大師：不與萬法爲侶的是什麼人？馬云：待汝一口吸盡西江水，即向汝道。但靜默沈審，然後舉著，悠久之間，須知落處去。〔註23〕

在這裡，圓悟強調公案只是幫助開悟的手段，如敲門瓦子一樣，入了門就應丟棄，不應執著瓦子。當然，他認爲看古人公案，能夠繫住學人的妄想，令心沉靜，進入澄明之境，這是公案的作用。圓悟比較詳細地闡明了看公案是爲了繫住學人的狂思橫計，令心澄明，領悟無上大道。看公案應該心態平和，持之以恒，一次只看一個公案，直到看破這個公案。圓悟在他的其它作品裏，多次談到「不與萬法爲侶的是什麼人？」這個公案，說明他很重視這個公案。因爲這個公案很形象地說明了心性本體的特徵，容易讓人理解。反覆看這個公案，就能領悟自己的本來面目，這就是公案禪的終極目的。對圓悟來說，公案的具體內容並不重要，重要的是「心性」之理。如果參透了「心性」，公案也應該拋棄。圓悟還強調要在日常生活中參禪，他說：

> 應須快著精彩，但念無常，以生死爲大事，向逐日日用之中，行時行時看取，坐時坐時看取，著衣時著衣時看取，吃飯時吃飯時看取，直下腳跟有個發明處。〔註24〕

這段話表明，圓悟禪師非常重視在日常生活中參禪悟道，同時也說明禪並不是生活之外的東西，而就在吃飯著衣、行住坐臥之中。只有持之以恒地「看取」當下，心無旁鶩，腳跟下的光明本性才會顯露出來。

其次，圓悟反對廣泛學習五家宗旨的學風，強調見性成佛的最終宗旨。他認爲唯一的宗旨就是「直指人心」，直指人人本具的佛性，各個派別只是形式的不同，不要迷失在外在的形式上。他說：「所以流傳七百餘年，枝分派別，

〔註23〕 弘學、李清禾等整理：《圓悟克勤——碧巖錄‧心要‧語錄》，成都：巴蜀書社，2006年，第309頁。
〔註24〕 同上註，第283頁。

各擅家風，浩浩轟轟，英知紀極。鞠其歸著，無出直指人心。」〔註25〕「近世參學，多不本宗猷，唯持擇言句，論親疏，辨得失，浮漚上作實解，更誇善淘汰得多少公案，解問諸方五家宗派語，一向沒溺情識，迷卻正體，良可憐愍。」〔註26〕圓悟的時代有很多人遍參五家之學，沉迷於語言之中，圓悟極力排斥這種學風，提倡回歸明心見性的宗旨。因此他不承認公案的分類編排，圓悟強調公案的平等，認爲每一個公案都指向那超越二元對立的心性大光明。他說：

> 臨濟金剛王寶劍、德山末後句、藥嶠一句子、秘魔杈、俱胝脂、
> 雪峰輥球、禾山打鼓、趙州吃茶、楊岐栗棘蓬金剛圈，皆一致爾。
> 契證得直下省力，一切佛祖言教無不通達。〔註27〕

圓悟在《心要》中反覆強調所有公案都一致，都是用來截斷妄想之流的對機垂示的語言動作。圓悟是從實踐修行的角度來談論各種公案，強調所有的公案都是唯一的心性之「理」的表現，因此，專心參透一個公案，明見心性，才是正道。既然所有的公案都是指向心性的工具，那麼對公案的理解就不能單從字面上去理解，而這種傾向正是很多學習者的問題，因此，圓悟批評從字面上理解公案。圓悟指出禪者參禪過程中最容易出現的問題就是自以爲是：

> 最難整理是半前落後，認得瞻視光影，聽聞不隨聲，守湛寂之
> 性，便爲至寶，懷在胸中，終日昭昭靈靈，雜知雜解，自擔負我亦
> 有見處，曾得宗師印證，唯只增長我見，便雌黃古今，印證佛祖，
> 輕毀一切，問著即作伎倆，黏作一堆。殊不知，末上便錯認定盤星
> 了也。及至與渠作方便，解黏去縛，便謂強移換人、捩轉人。作怎
> 麼心行，似此有甚救處，除是驀地自解知非，卻將來須放得下。作
> 善知識，遇著此等，須是大腳手與烹煉，救得一個半個得徹，不妨
> 翻邪成正，將來卻是個沒量大人，何故？只爲病多諳藥性。〔註28〕

禪者最大的問題就是雜知雜解，自以爲是，將垃圾作爲寶貝，錯認定盤星。因此，他認爲：「若具大根器，不必看古人言句公案。」〔註29〕圓悟對公案的

〔註25〕《續藏經》第 120 冊，第 704 頁下。
〔註26〕弘學、李清禾等整理：《圓悟克勤——碧巖錄・心要・語錄》，成都：巴蜀書社，2006 年，第 258 頁。
〔註27〕同上註，第 658 頁。
〔註28〕同上註，第 307 頁。
〔註29〕同上註，第 451 頁。

態度是很理性的，他意識到公案是一把雙刃劍，既能助人，也能害人，如果把握不當，就會迷失在語言之中，忘卻大道。因此，對於大根器之人，連公案都不必看。從修行實踐的角度看，這樣降低了公案價值，甚至出現了輕視公案的傾向，這爲「看話頭」禪法的產生奠定了基礎，因爲「看話頭」是參公案禪法的簡化版。圓悟對公案的態度很明朗，公案從表面上看萬別千差，若直下領略開悟，無任何差別。因此他把公案僅僅作爲敲門工具，只要人們進入心性光明的殿堂，工具就應丟棄。他說：「只如古人道：『即心即佛』，又道：『非心非佛』，又道：『不是心，不是物』，又道：『麻三斤』，又道『鋸解秤錘』，萬別千差，若直下領略，豈有二致？所以一了一切了，一明一切明。只這明瞭，也須斬作三段始得，方入無事無爲履踐諦當處耳。」〔註30〕圓悟認爲，當時學人從字面上理解公案，得出很多錯誤的見解，與心性大道相距甚遠。其實，每一個公案都是禪師從心性大光明中自然流出的話語、動作，都指向無上大道。如果僅傍留在語言表面，就不可能領悟心性之理。

第三節　「無事禪」批判與漸修履踐

　　圓悟禪師針對當時的末流「無事禪」傾向，強調漸修與履踐。北宋出現了膚淺的「無事禪」〔註31〕，這種傾向導致很多人不重視腳踏實地的修行。因此圓悟作爲一代大師，在開示及指導居士禪修的信件裏，反覆強調漸修和履踐的重要性，提出了一些具體要求，並詳細詮釋了具體的修行法門。他認爲，必須通過長時間的修行，循序漸進，去除自心上的塵垢。從圓悟的作品中，可以看出禪宗其實有非常嚴謹的修持工夫的層次存在，不是落在空談或狂妄自大上，只有這樣，才會與眞正的禪有相近之處。

〔註30〕弘學、李清禾整理：《圓悟克勤——碧巖錄・心要・語錄》，成都：巴蜀書社，2008 年，第 346 頁。

〔註31〕所謂「無事禪」，是指宋代一些僧人將「佛法」、「悟」等「佛法商量」看作一種不正確的、故意造作的見解，而以「無事」爲理想境界的禪法思想，代表人物有雲門宗薦福承古、雲居曉舜等禪師，這種思潮被誤用，導致了輕視頓悟的傾向，受到黃龍慧南、圓悟克勤、大慧宗杲等禪師的批評。參見〔日〕土屋木祐：《北宋禪宗思想及其淵源》，成都：巴蜀書社，2008 年，第 135～139 頁。

一、「無事禪」批判

禪宗在理論上並沒有迥導於一般佛教理論的獨特之處，其特異之處在於它的「直指人心，見性成佛」，超越一切理論和語言文字，直接在在現量上體悟空性，回歸心靈的本來面目。由於禪師說法的目的是讓修道者實證本有自性，學人不僅應該從凡夫的染污法中得到解脫，也要從聖人的解脫法中得到解脫，因此禪師總是對作爲其基本預設的佛學理論進行破斥與解構，這樣禪師的說法喜歡用否定的方式來進行。例如馬祖說：「本有今有，不假修道坐禪；不修不坐，即是如來清淨禪」〔註32〕，「道不屬修。若言修得，修成還壞，即同聲聞。若言不修，即同凡夫」〔註33〕。這些說法在南宗的燈錄中俯首皆是，很容易讓人產生誤解，認爲禪不用修。其實，對於禪門的修與不修的問題，不能簡單地按禪語的字面意義去理解，而應當綜合考慮禪師語言的語境及禪宗的宗旨。

最先使用「無事」一詞的禪師是馬祖的弟子大珠慧海。他繼承馬祖的「平常心是道「思想，用「無事」一詞來表達同樣的理念：

> 越州大珠慧海和尚上堂曰：「諸人幸自好個無事人。苦死造作，要擔枷落獄你麼？每日至夜奔波，道我參禪學道解會佛法，如此轉無交涉也。只是逐聲色走，有何歇時？貧道聞江西和尚道：『汝自家寶藏一切具足，使用自在，不假外求。』我從此一時休去……若不隨聲動念，不逐相貌生解，自然無事去。」〔註34〕

在這裡，大珠用「無事」一詞來概括「平常心是道」這種思想，是對馬祖思想的發揮。後來臨濟義玄提出「無事是貴人」的命題，進一步發揮了馬祖的思想。他們都是針對當時參禪學道者執著學佛參禪的毛病而提出來的。然而，當一種思想被教條化時，就會產生不良的影響。在宋代，「無事」成了某些佛教徒不用修行、不用讀經看教的藉口。「無事禪」失去了往日的光彩，反而成了一種不思進取、甘於庸俗的思潮。因而當時一些有識禪師對這種情況進行了批判，其中最典型的是宋代臨濟宗黃龍派的眞淨克文（1025～1102），他說：「多將無事會，無事困人心。有無俱勿念，自可剖靈音。落落雖殊應，廖廖

〔註32〕 《景德傳燈錄》卷二十八，《江西大寂道一禪師語錄》，《大正藏》卷五十一，第 440 頁中。

〔註33〕 蕭蓬父、呂有祥點校：《古尊宿語錄》，北京：中華書局，第 3 頁。

〔註34〕 《景德傳燈錄》第二十八卷，《大正藏》第 51 冊，第 440 頁下。

不在尋。宜哉萬化首，都只屬於今。」〔註35〕在這裡，克文指出當時學人困於「無事」，陷入了一種不思修行、不求開悟的平庸狀態。圓悟禪師對此也深有體會，他曾經陷入過無事禪中，久久不得開悟。他之所以批判「無事禪」，這與他的經歷有關。《圓悟心要》卷下《示悟侍者》云：

> 所以大凡只說實話，是正禪；才指東劃西，是換你眼睛，但莫信它。但向道：我識得你，苦哉若哉！頓卻山僧，在無事界裏，得二年餘，然胸中終不分曉。後來驀地在白雲，桶底子脫，方猛覷見這情解，死殺一切人。生縛人家男女，向無事界裏，胸中一似黑漆，只管長無明業識，貪名取利，作地獄業。自謂我已無事了也。細原雲門意，豈只如此哉？將知醍醐上味，遇此翻成毒藥。若是真實到雲門田地，安肯如此死殺？〔註36〕

圓悟曾兩次在法演會下參禪，中間隔了兩年時間。當時法演在白雲山開法，每一次圓悟慕名而來，卻因自己的知見而離開了法演，正如他自己所說「頓卻山僧在無事界禪，得二年餘，然胸中終不曉。」可見他由於無事禪師的影響，曾陷入「無事禪」的窠臼之中，如《圓悟心要》卷上《示普賢文長老》云：「老漢昔初見老師，吐呈所得，皆眼裏耳裏，機鋒語句上……然竟未入得。尋下山，越二載四，始於頻呼小玉元無事處桶底子脫，才始覷見前時所示，真藥石也。自是迷時透不得，將知真實諦當處。」〔註37〕圓悟從迷到悟，經歷了一個長期曲折的過程，他初入「無事禪」窠臼中，最終從中走出來，待回過頭來看才發現那種膚淺的「無事禪」害人不淺，讓學人胸中一似黑漆，只管長無明業識貪名貪利，作地獄業，自謂自己無事，因此，他常常提醒學人，不要執著「無事」，應該通過長時間漸修，頓悟自性。

其實，禪師是站在覺悟的最高境界說無求、無修、無得，是強調一種從本體上做工夫的修行路徑。對於第一義諦真如自性來說，成與壞、修與不修、悟與不悟兩頭語都是戲論，它超越這一切，不許安立任何方便，所以禪師們常常以「道不用修」、「無修無證」的語言來指示學人直接悟達心性光明本體。對於一般的凡夫而言，他們已經遠離了本性，要回歸本性就需要一番修行的

〔註35〕蕭萐父、呂有祥點校：《古尊宿語錄》，北京：中華書局，1997年，第853頁。

〔註36〕弘學、李清禾整理：《圓悟克勤──碧巖錄・心要・語錄》，成都：巴蜀書社，2008年，第324～325頁。

〔註37〕同上註，第356頁。

工夫，只有對那些已經覺悟本性的人來說，才可以說無修。如果把禪宗放在佛教的整個理論體系和實踐次第中，我們可以看到，禪宗的直指也是由漸修而來。大多數禪師，在悟道之前，都有很好的佛教理論和禪定實踐基礎。即使是禪門中被稱爲上上根人的禪者，通常是前生經過多劫多生修行，在這一生中機緣成熟才顯現出利根利智的素質。

綜上所述，在宋代前期，禪宗內部有兩種傾向，一種是禪宗末流的「無事禪」，另一種是對「無事禪」的批判，這就爲圓悟克勤對禪宗思想的整合提供了基礎，而他也正是在這兩者之間採取一種調和的方式，同時結合自己的心得，對禪宗思想進行了整合與重構。

二、在批判的基礎上強調漸修與履踐

北宋出現了「無事禪」思想，禪學末流以爲什麼事都不做，什麼書都不看，這樣就是「無事禪」。圓悟克勤針對這種情況，在提出批評的同時，提出通過嚴格的漸修履踐的途徑，達到眞正的「無事於心、於心無事」〔註38〕的境界。他既批判宋代長期以來的膚淺的「無事禪」思想，又倡導重視眞正的「無事」境界，體現了一種既超越又回歸的精神，反映了宋代重新整合的禪學傾向。

對於不是上上根器的修行者來說，應該怎樣漸修呢？圓悟在《心要・示諸上人》中認爲：「自非上上根器，何能莫爾便承當得？然有志於是者，豈計程限？要須立處孤危，辦得一刀兩斷猛利身心，放下復子，靠著個似咬豬狗惡手段底，盡情將從前學解路布，黏皮貼肉知見，一倒打疊卻，使胸次空勞勞地，己私不露，一物不爲，便能徹底契證，與從上來不移易毫髮許。」〔註39〕對於不是上上根器的修行者，需要持之以恒地做工夫，不計期限，有長遠心，放下一切知識妄解，讓心靈恢復空淨，就有可能悟道。圓悟指出：

> 脫虛妄纏縛，破生死窠窟，第一要根器猛利軒豁，次辦長久不退之心，俾力量洪深，境界魔緣撓括不動，而以佛祖大法印定本心。
> 〔註40〕

〔註38〕弘學、李清禾整理：《圓悟克勤——碧巖錄・心要・語錄》，成都：巴蜀書社，2008 年，第 305 頁。
〔註39〕同上註，第 390 頁。
〔註40〕同上註，第 285 頁。

由此可看出，在圓悟禪師的理解中，要想真正解脫生死，首先要根器猛利，其次要有持之以恒的精神，只有這樣才能達到禪宗修煉的根本目的，體證自性或本來面目。禪的追求，本質上是一形而上的追求，需要經歷長時間的修煉，超越一切二元對立，才能達成自由、圓融的境界，再以覺性之眼來觀照世界，照破無明昏暗，顯現無限光輝，得大休歇，大自在。圓悟就是這樣一位長時間用功最後大徹大悟、明心見性的禪師，他認爲：

> 佛道懸曠，久受勤苦，乃可得成。祖師門下，斷臂立雪，腰石舂碓，擔麥推車，事園作飯，開田疇，施湯茶，搬土拽磨，皆抗志絕俗，自強不息，圖成功業者乃能之。所謂未有一法從懶墮懈怠中生，既以洞達淵源，至難至險，人所不能達者尚能；而於涉世應酬屈節俯仰而謂不能，此不爲，非不能也。〔註41〕

漸修需要下苦功夫，真功夫，須耐得寂寞與孤獨，否則就不可能悟道。如果學人認爲修行什麼事情都不用做，就永遠也不會開悟，不會親見真如自性。對於悟得脫灑的古人來說，一切都是一味的，沒有能所二相的分別，沒有「我有所得」的念頭，不會執著於這個覺悟的本身，因此覺悟的境界超越語言文字。而對於未悟的學人來說，如果執著於以佛法爲礙，排斥修行，排斥開悟，就會陷於「無事」。對於上上根器的修行者，也須長時間地參究，最終開悟明脫，他說：「根腳下各具此段，惟宿植深厚之士，於世諦緣輕，有力量能自擺撥。長時退步，孤運獨照，潔清三業，端坐參究，妙省明脫，向自己分上，離見絕情，壁立萬仞，放捨無始劫來深習惡覺，摧碎我山，枯竭愛見，直下承當。」〔註42〕這裡圓悟首先清楚地指出，對於宿植深厚之士，也須長時間退步，孤運獨照，最終體悟心性光明本體或生命真正的實相。緊接而下，他則進一步道出，欲證悟心性大光明，必須從放捨惡覺、摧碎我山著手，也就是說停止後天的思維、想像、推理等作用，經由身心對經驗事物的完全超越，才能體證具有先天及形上特質的心性光明。

圓悟還強調頓悟之後，修行者需要拋開公案等手段，做長時間的履踐工夫，這樣才能達到最高境界。首先，圓悟解釋了履踐的具體要求。圓悟要求，禪者在獲得頓悟後，在長時間的履踐過程中，必須放下對語言文字及公案的執著，達到任運自在的境界。《心要·示蔣待制》云：

〔註41〕弘學、李清禾整理：《圓悟克勤——碧巖錄·心要·語錄》，成都：巴蜀書社，2008年，第229頁。

〔註42〕同上註，第282頁。

古德所以揚眉瞬目、拈槌豎拂、行杖行喝、微言妙句、百千億方便，無不令人向此透脫。一才透得，便深徹源，棄卻敲門瓦子，了無毫髮當情，三十二十年於中履踐，截斷露布葛藤、閒機破境，脩然無心，乃安樂之歇場也。〔註43〕

在圓悟的履踐觀中，強調頓悟自性光明後要截斷公案及語言文字等露布葛藤，達到無心於萬物的安樂之境。他指出禪修者容易犯的錯誤，「既逢師指，或因自己直下發明從本以來元自具足妙圓眞心，觸境遇緣自知落著，便乃守住，患不能出得，遂作窠臼。」〔註44〕公案等手段只是幫助開悟的「敲門瓦子」，頓悟的眞正對象是佛性，即光明自性，頓悟之後須放下對公案及理智性知識的執著，通過不斷履踐，將覺悟質量提升，最終心源澄淨，光明朗發，成爲眞正的無爲無事大自在人。《心要・示許奉議》云：

既趣向得入，跟腳洞明，當令脫灑特立孤危，壁立萬仞，佛病祖病去，玄妙理性遣，等閒蕩蕩地，百不知百不會，一如三家村裏人，初無殊異，養來養去，日久歲深，樸實頭，大安穩，放得安樂。〔註45〕

總之，頓悟後，跟腳洞明，此時不可生歡喜心，認爲自己成佛作祖，而應保持平常心，長時間保養，日久歲深，才能安穩。其實，履踐是由淺入深的綿密工夫。《心要・示湧道者尼》云：「古人爲此大法，捐軀捨命，歷無邊無量辛勤。及至洞明奧旨，鄭重如至寶，保護如眼睛，造次動轉不令輕觸，才起一毫勝解知見，即若雲翳青天，塵昏鏡面。……忘心絕照踐履到如如實際，無事於心，於心無事，平澹無爲，超然獨運。自即腳踏實地，方可爲人解去黏縛，度盡一切人，實無人可度。」〔註46〕「可以透脫生死，不在陰界中窒礙，如鳥出籠，自由自在。」〔註47〕在這裡，圓悟用古人的例子來說明悟後忘心絕照踐履的重要性。悟後要如保護眼睛一樣，小心翼翼，腳踏實地。只有這樣，才能無爲無事大安樂！圓悟很重視「自由」，他強調自由需在日常履

〔註43〕《續藏經》第 120 冊，756 頁下。

〔註44〕同上註，第 251 頁。

〔註45〕弘學、李清禾等整理：《圓悟克勤——碧巖錄・心要・語錄》，成都：巴蜀書社，2006 年，第 289 頁。

〔註46〕同上註，第 582 頁。

〔註47〕同上註，第 756 頁上。

踐中實現。「大丈夫須到自得自由自在處始得。」〔註48〕「則個裏若親觀其變，則能原其心。既能原其心，則有自由分。既有自由分，則不隨他去也。既不隨他去，何往而不自得哉？」〔註49〕只有體悟自性光明，返本還源，才能有眞正的自由自在。

圓悟繼承前人的思想，強調悟後在實踐中修行，達到自由的境界。圓悟指出頓悟爲履踐提供基礎的作用。在頓悟之後，履踐非常重要，他說：「古人重履踐一門」，「履踐」或「踐履」一詞代表長時間的實踐修行。他在《心要·示禪人》中談到：「既已投機，復資此以履踐，外空諸見，內絕心智，徹底平常，騰騰任運……」〔註50〕，《心要·送白聞居士出京》云：「倘不踐履，安能揭日月，大通大明，自在出沒」〔註51〕，這些思想都顯示圓悟對長時間履踐的重視。他說：

> 蓋緣根本既明，六根純淨，智理雙冥，境神俱會，無深可深，
> 無妙可妙，至於行履，自會融通。〔註52〕

這裡說明，明瞭根本，佛性顯露，履踐自然會融通，容易成功，可以說頓悟自性光明是履踐乃至最終成佛的基礎，也是後者的先決條件。圓悟認爲，悟後還存在習氣，須慢慢對治。他說：「此既已明，當須履踐，……無明習氣，旋起旋消，悠久間自無力能擾人也。古人以牧牛爲喻，誠哉，所以要久長爾！」〔註53〕圓悟在這裡強調，心平日動蕩慣了，習氣很深，易被妄念和物境牽流而忘卻履踐，往往隨妄念流浪了好多轉，跟物境遷流了許多時，才猛然省悟，所以功夫不能成片。因此，悟後履踐，當提高警惕，集中心力觀牢心念起處，不隨之流轉，習氣自然會消退，最終能打成一片。他說，「今時學道既有志性，當宜勉旃，與古爲儔。心期證徹，到腳踏實地處，動用全歸本際，千聖不可籠絡，解會並亡，得失俱脫，乃是無欲無依，眞正自在自由道人也。」〔註54〕「直須蘊藉深，方可不落是非得失、聞見知覺，纖毫淨盡，始得快活，拘牽

〔註48〕弘學、李清禾等整理：《圓悟克勤——碧巖錄·心要·語錄》，成都：巴蜀書社，2006年，第656頁上。
〔註49〕同上註，第746頁上。
〔註50〕同上註，第774頁上。
〔註51〕同上註，第728頁上。
〔註52〕《續藏經》第120冊，第773頁下。
〔註53〕同上註，第786頁下。
〔註54〕弘學、李清禾等整理：《圓悟克勤——碧巖錄·心要·語錄》，成都：巴蜀書社，2006年，第321頁。

惹絆他不住。所以道：如人學射，久久方中」。〔註55〕圓悟強調要通過長期履踐達到世法、佛法打成一片的圓融境界。

圓悟禪師融通宗門與教下，知識淵博，閱歷豐富，他深知唐代祖師提出的「無事禪」思想，是契理契機的，如果只是簡單地否定「無事禪」思想是不妥當的，因此，他一方面批判膚淺的「無事禪」，另一方面，強調超越膚淺的「無事禪」，達到真正的「無事」的途徑。他說：「古人以無爲無事爲極致。蓋其心源澄淨，虛融灑落，眞實踐履到此境界，然亦終不住滯於此，値得如盤走珠，如珠走盤，豈是死煞頓住得底？」〔註56〕在這段話中圓悟非常推崇古人的「無爲無事」，這是一種心源澄淨、虛融灑落的境界。與此同時，他又提醒亦終不住滯於此，需百尺竿頭更進一步，可見，圓悟也沒有忽略「無事禪」的弊病。

第四節　「迴光返照」思想

圓悟禪師以「人人腳跟下本有此段大光明」的命題幫助人們確立修禪的信心，同時也就把「這段大光明」擡到本體的地位，於是，他淋漓盡致地發揮禪宗「即心即佛」、「人佛無異」和做「無爲無事大自在人」的思想，在傳統的基礎上比較深入地論述了工夫論基本原理——「迴光返照」，強調反觀自性光明，在一念不生處體悟大道。圓悟禪師的「迴光返照」思想是在繼承歷代禪宗祖師思想的基礎上發展起來的，不僅語言形式上有一些變化，而且有比較詳細的探討，有一些新意。這一節我們考察「迴光返照」思想的經典背景及圓悟禪師「迴光返照」思想的內涵與要義，在此基礎上我們探討「迴光返照」思想的所蘊含的哲學意義與生命智慧。

一、「迴光返照」思想的經典背景

關於禪宗「迴光返照」思想的起源，目前學術界沒有定論。我們從歷史資料中可以看到，在原始佛教當中，有很多談論收攝六根的思想，但是沒有談到「迴光返照」。〔註57〕在歷代禪師的語錄中，「迴光返照」的方法從提出

〔註55〕弘學、李清禾等整理：《圓悟克勤——碧巖錄・心要・語錄》，成都：巴蜀書社，2006 年，第 458 頁。

〔註56〕同上註，第 306 頁。

〔註57〕禪宗「迴光返照」的修行方法，相對於印度原始佛教所強調的坐禪、四念住、

到詳細闡述，存在著由粗疏到細密，由簡單到複雜的發展過程。圓悟克勤的「迴光返照」思想是在繼承歷代祖師思想的基礎上發展起來的，不僅語言形式上有一些變化，而且有比較深入的探討，有一定創新性。下面我們先來看看歷代禪師對「迴光返照」的闡述，從而瞭解一下圓悟克勤「迴光返照」思想的經典背景。

在達摩進入中國之前，佛教禪學已經傳入中國。〔註 58〕菩提達摩是由西天祖師到中華祖師的過渡人物，被後人推崇爲禪宗東土第一代祖師，所傳禪法與傳統禪法不同，是印度禪向中國禪轉化的一個重要轉折點。他提出了「理入」和「行入」的宗教修養方法，把印度輸入的複雜繁難的坐禪方法改爲簡易的修行方法。他提倡「二入四行「禪法，以「壁觀」法門爲中心，以究明佛心爲參禪的最後目的。達摩的這種理論對後世影響很深，後來的禪宗發展基本上是沿著「二入四行」的框架進行。達摩沒有明確提到「迴光返照」一詞，到了三祖僧璨的《信心銘》中才出現了「返照」一詞：「歸根得旨，隨照失宗。須臾返照，勝卻前空。」〔註 59〕其意是只要短暫地返照那原本的心，暫復心的原態，就能悟道，比以前向空心處用力，舒暢、安祥得多。這一說法爲慧能等繼承並發展。

唐代中期，六祖慧能（638～713）的出現，促進了禪宗的正式成立，從此禪宗獨立門庭，成爲中國佛教隋唐八大宗之一。慧能對中國社會實際有眞

緣起觀、不淨觀等修行方法來說，具有其特殊之處。可以說，「迴光返照」是禪修的基本原理，歷代禪師都有或多或少的論述。禪，就其本身而言，超越時空，無始無終，說不清，道不明，可謂說似一物即不中。但是對於那些明心見性的禪師們來說，爲了幫助禪者領悟自己的本來面目，不得不用盡一切辦法去說，而他們的言行構成了一幅幅歷史畫面。一部禪宗發展史，是中國禪師們通過返觀內照的修悟而獲得解脫以及傳播這種覺悟思想的歷史。

〔註 58〕 中國最早的禪法著作是後漢安世高翻譯的小乘禪數學，後來陸續傳來大乘禪籍，影響日益增大。這些爲菩提達摩來中國傳最上乘禪奠定了基礎。唐代宗密在《禪源諸詮集都序》中依禪的淺深把印度所傳之禪分爲五類：外道禪、凡夫禪、小乘禪、大乘禪、最上乘禪，宗密把達摩禪歸爲最上乘禪。可見佛教禪宗的發展是有過程的，達摩門下代代相傳的是最上乘禪，而這最上乘禪直到慧能出現，才發揚光大，自成一宗。達摩「以心傳心」，將無上眞心傳與慧可（487～593），再傳給僧璨（？～606）、道信（586～651）、弘忍（601～674），其間經歷了一兩百年，門徒日益增多，影響日益增大。而當時安定統一的社會環境也爲禪宗的進一步發展創造了條件。宗密：《禪源諸詮集都序》卷上之一，《大正藏》第四十八冊，第 399 頁中。

〔註 59〕 參見：《信心銘》，《續藏經第 66 冊，第 722 頁下。

切的體察，他主張禪修要與日常行爲統一起來，他還提倡在家修行。實際上，慧能在貫通大乘佛教各系學說的基礎上融攝了中國傳統文化的儒道之學，創立了一個從佛性論到解脫論和修行觀都最具中國特色的比較完整的佛教思想體系。慧能禪學思想以頓悟爲宗，明心見性爲旨，無念無相無住爲本，不著不捨世間爲用。他認爲佛性並不是抽象概念，而是內在於活生生的人之中，「本心是佛，離性無別佛」，「自性能含萬法是大，萬法在諸人性中」〔註60〕，覺性本有，煩惱本無，直接契證覺性，便是頓悟。應該說慧能的禪宗是比較接近於佛陀說教的原意，更多地保留了佛陀的遺教。因此，慧能所創立的禪宗不僅在中國大乘佛學中佔有重要的地位，在世界佛學思想中亦有它獨特的價值。慧能在傳法的過程中說：「汝若返照，密在汝邊。」〔註61〕強調奧秘在每個人自己身上，只有返照自身，才能開悟。

　　由六祖慧能開始，「一花開五葉」〔註62〕，禪宗全面向社會發展。在這段時間，談論「迴光返照」的禪師開始多起來，例如馬祖道一說：「一切眾生，從無量劫來，不出法性三昧，長在法性中著衣吃飯，言談祇對，六根運用，一切施爲，盡是法性。不解返源，所以隨名逐相，迷情妄起，造種種業。若能一念回光返照，全體聖心，何處不是佛法。」〔註63〕石頭希遷在其《草庵

〔註60〕 楊曾文校寫：《新版敦煌新本六祖壇經》，北京：宗教文化出版社，2001年，第43頁。

〔註61〕 同上註，第20頁。

〔註62〕 「一花開五葉」是指六祖後的五家宗派。六祖的得法弟子，以南嶽懷讓和青原行思最爲著名。懷讓門下的馬祖道一，其傳法弟子達130餘人，至百丈懷海後，遂分出潙仰和臨濟二家。青原行思一系後來亦分化出曹洞、雲門和法眼三家，加上潙仰、臨濟二家，是爲五家。到了唐末，五宗各自成立完備，宗法大盛，此時北方的北宗禪早已式微，南宗禪則躍居鼎沸的局面。這是禪宗歷史上的輝煌一頁，被後人稱爲禪機時代。當然，五宗的根本思想，大致說來相差不多，都以「明心見性」爲中心，其基本精神是一致的，只不過各宗派自有其獨特的接引手法，由於門庭施設的門風各自不同，才形成不同的宗派。五家宗風之差別只是表現形式的不同，門庭設施的不同，而在本質上，五家皆直承慧能南宗禪而來，事理圓融是五家禪門共通的宗旨。參〔日本〕忽滑谷快天：《中國禪學思想史》，朱謙之譯，上海：上海古籍出版社，1994年，第138頁。另外元代中峰明本禪師指出：「達摩單傳直指之道，爲何分爲五家宗派？所謂五家宗派者，五家其人，非五其道，亦非宗旨不同，持大同而小異。」也就是說，五家由於宗師性格各異，在傳法方面風趣與手腕不同，因此形成不同的宗派，而五家同出於慧能南宗心傳，就是五家彼此之間的最大同者。參見：《天目中峰和尚廣錄》卷十一，《禪宗全書》第四十八冊。

〔註63〕 《金剛經如是經義》卷下，《大正藏》，第696頁下。

歌》中寫到「迴光返照便歸來，廓達靈根非向背」，〔註64〕不向外求，重視內在生命。尤其是臨濟義玄禪師〔註65〕，他要求禪僧們「迴光返照」，認識自我，建立「我」即佛祖的主體自信。他說：「你言下便自迴光返照，更不別求，知身心與佛祖無別。五臺山無文殊，你欲識文殊麼？只你面前用處始終不異，處處不疑，此個是活文殊。」〔註66〕在臨濟禪師看來，把眼光從外部世界收回來，返照自身，就會發現自己身心與佛祖沒有差別。唐代撫州曹山本寂禪師也說：「若初心知有己事，迴光之時，擯卻色聲香味觸法，得寧謐即成功勳。」〔註67〕強調迴光的時候，放下色聲香味觸法，就可恢復先天的寧靜。因為只有收攝眼耳鼻舌身意，使之不染著色聲香味觸法，才能放下對過去的沉溺，對未來的期盼，從而回歸當下。再看兩例：

> 歷劫他求終朝取相，不自暫省返照回光，貨鬻衣珠承紹家業。
> 但爭空花之起滅，定認昔影之是非。去淳樸而專尚浮華，喪根源而
> 唯尋枝派，可謂遺金拾礫擲寶持薪，是以眾聖驚嗟達人悲歎，都謂
> 不到實地，未達本心。〔註68〕

> 人人盡握靈蛇之珠，個個自抱荊山之璞。不自回光返照，懷寶
> 迷邦。不見道，應耳時若空谷，大小音聲無不足。應眼時如千日，
> 萬象不能逃影質。擬議若從聲色求，達磨西來也大屈。〔註69〕

上面第一例是宋代初期禪師永明智覺禪師所說，第二例是其後的黃龍慧南禪

〔註64〕《景德傳燈錄》卷三十，《大正藏》第五十一冊，第 461 頁下。

〔註65〕臨濟義玄禪師，臨濟宗的開創者，在河北鎮州（今河北正定縣）城東南滹沱河畔的臨濟禪院舉揚一家宗風。義玄的弟子有：灌溪志閑、寶壽沼、三聖慧然、興化存獎等人。傳其法者為存獎：興化存獎（？～924）──南院慧顒（？～952）──風穴延沼（896～973）──首山省念（926～993）──汾陽善昭（947～1024）──石霜楚圓（986～1039）石霜楚圓門下分化出二派：黃龍派和楊岐派：至南宋，楊岐派經幾傳，勢力宏大，在中國禪林中形成席卷包舉之勢，黃龍派不久後便銷聲匿迹，楊岐派取代了臨濟正宗，宋之後的臨濟宗實為楊岐宗。楊岐方會門下有十三人，以白雲守端為主要嗣法弟子，守端之下有五祖法演，法演門下出佛眼清遠、佛果克勤、佛鑒慧勤、被時人稱為三佛。在禪宗歷史上，各宗或不傳，或萎靡不振，獨臨濟宗不斷發展、調整，乃至成為世界性的佛教宗派，絕非偶然。參見閆孟祥：《宋代臨濟禪發展演變》，北京：宗教文化出版社，2006 年，第 20 頁。

〔註66〕轉引自呂有祥：《臨濟義玄哲學思想述評》，《法藏文庫》，第 253 頁。

〔註67〕《撫州曹山本寂禪師語錄》卷下，《大正藏》第四十七冊，第 543 頁。

〔註68〕《永明智覺禪師唯心訣》，《大正藏》第四十八冊，第 993 頁。

〔註69〕《黃龍慧南禪師語錄》，《大正藏》第四十七冊，第 638 頁上。

師所說。他們都強調「迴光返照」，強調把眼光從外部世界收回來，反觀自己的身心，發現自己的光明佛性，領悟自性之寶物。

禪師們認為通過迴光返照，可以使人們後天的身心安寧和諧，以利於對內在之本來光明真性的覺察。這種回歸本體的思維在中國傳統文化中是比較普遍的，除了佛家，在道家那裡也有重要的論述，比如老子《道德經》的第十六、二十八及四十八章的「致虛極，守靜篤。……夫物芸芸，各復歸其根。歸根曰靜，靜曰復命。」、「復歸於樸，復歸於嬰兒」等經文，都表達出這樣的追求。而佛教典籍《信心銘》一文，採用了非常多的道家語言，比如「歸根得旨，隨照失宗」〔註70〕。所以說，在中國文化中，道家與禪宗在回歸心性光明本體的方法方面比較接近，兩者基本上是經由持續地做工夫，轉迷為悟，最後體證到一種具有本體性質的內在心性光明。不過，從各種典籍來看，無論是《道德經》、《六祖壇經》，還是《臨濟語錄》、《五燈會元》，對於迴光返照的說法，都相當一致而簡略，沒有詳細展開。

二、「迴光返照」的內涵

所謂「迴光返照」，是指將向外耗散的精神收回來，持續不斷地返照自身，久之則凝聚在一起，光明呈現，從「無明」走向「光明」狀態。或者說，就是要求時時刻刻體悟、覺察、反思自己的當下一念，不斷澄清自己內心的雜念，使六根不攀緣六塵境界，真正做到「不住色、聲、香、味、觸、法而生其心」的境界。佛教種種方法，如「觀呼吸」、「觀心」、「參公案」、「看話頭」……等等，都是幫助修行者將精神從外在的世界中收回來，回返自身，其基本原理就是「迴光返照」。因此，很值得將其確切內涵及實際情況，做一全面的剖析及探討。在圓悟禪師的語錄當中，「迴光返照」思想已發展得比較完整，下面我們從兩個方面來剖析他的這種思想。

（一）「回返」意味著止息向外馳求的妄想，逆向回歸生命的源頭

圓悟禪師在繼承歷代禪師思想的基礎上，更加明確地談「迴光返照」的方法。「迴光返照」其中的「迴」字與「返」字都體現了「逆」的意義。然而，其所「逆」的是什麼呢？在圓悟禪師看來，其所「逆」的即是「習氣」、「妄想」，他認為，只有破除習氣與妄想，方可體悟到此「光」，回歸到生命的源

〔註70〕宋普濟注，蘇淵雷點校：《五燈會元》，北京：中華書局，1994年，第49頁。

頭〔註71〕。他說,「人生一世,不早回頭,百劫千生,等閒蹉過。今既知有此段,只在堅固向前,損諸知見,撥棄妄緣,長教胸中灑灑落落,無一塵事。」〔註72〕其意就是說人生在世,應該儘早放下妄想知見,讓心靈灑灑落落,及早回頭,回歸本性。問題是常人的眼光總是向外,心念容易陷入過去的經驗、記憶和知識中,沉浸在對未來的籌劃與安排中,忽略當下的清明境界。能不能直接而深入地看當下,無選擇地覺察當下的心念之流,正是禪師與常人的差別所在。

　　常人要想悟到自己的本性,則必須超越根深蒂固的機械性向外馳求的妄想與浮躁習慣,長時間地迴光返照,這是艱辛的漸修過程。圓悟說:

> 只爲無始劫來拋家日久,背馳此本分事,向六塵境界裏妄想輪回,不能迴光返照,甘處下流。若能具上根利智,返本還源,知有此事,輝騰今古迴絕知見,坐斷十方無復輪轉,始有語話分。而今須是換個骨頭了,方見此一片田地。〔註73〕

在這裡,圓悟禪師強調,禪宗的迴光返照和常人的「背馳本分」、「向外執實」的妄想意識相反,不執著任何意識對象而回歸於無限的心性大光明本身。可見,迴光返照是相對常人向外馳求的妄想意識〔註74〕狀態來說的。這意味著禪宗的修行工夫是逆反於常人的執迷不悟的,也就是說「回返」是以常人的妄想意識狀態爲參照系的,常人的心拋家日久,比較散亂,總是順著欲念馳向外在的對象,追逐情慾,墮入妄想,而迴光返照則逆著平常習慣的對象化方向返觀自身,從而認識眞正的自己。圓悟說,「既薦得,則卷而懷之,任任運運如兀如癡,不妨是一個決量大人。如或未然,卻須返照迴光,若動若靜,

---

〔註71〕所謂生命的源頭,就是指生命存在的根源,又稱爲佛性、光明自性、本來面目等。

〔註72〕弘學、李清禾等整理:《圓悟克勤——碧巖錄·心要·語錄》,成都:巴蜀書社,2006年,第456頁。

〔註73〕同上註,第474頁。

〔註74〕在這裡,「意識」是當代哲學、心理學術語,不同於佛教裏面六識中的「意識」概念,相當於「精神」或「心」的概念,即心王及心所法之總稱,與「存在」概念相對。現代心理學認爲,人是一個意識的能動主體,而意識總是面對千萬種客體的內容,這些內容成爲意識中的對象,普通人的意識要麼處於昏沉狀態,要麼處於散亂狀態,被意識對象所迷惑,產生種種計較、執著、浮躁等心理狀態,消耗了人的大部分能量,而進行禪的修煉可以讓人的意識進入一種清醒、冷靜的觀照狀態,最高境界是超越了任何意識對象的純粹開悟意識,所謂至人心用如鏡,事來則應,事去不留,就是指這種純粹的開悟意識。

若住若行，若坐若臥，須是究他根源始得。」〔註 75〕意思是對於對於未能體悟自己本性的人來說，應該在動靜、住行、坐臥等日常生活中返照，體究生命的根源。沒有體悟心性本體的普通人，一般情況下念念向外流轉，執著意識對象爲實有，總想抓緊對象，浮躁不安，神馳精耗，這是一種後天的順向心理活動，包括一切爲滿足欲望而傷精耗神的生理活動和心理活動，如私心雜念、焦慮不安等。

因此，一個人如果想要超越生死煩惱，實現心靈自由幸福，便有必要放下一切不良心態，節制收斂心性之光的向外流轉，進而回返到此光的根本源頭，也就是說必須做迴光返照的工夫。圓悟說：

> 要探賾此個大因緣，惟利根上智終較省力。然須用作一段緊要事，常時淨卻己見，使胸中脫然，迴光覷捕，內外虛寂湛然，凝照到一念不生處，徹透淵源，條然自得，體若虛空，莫窮邊量。亙古亙今，萬象籠絡不住，凡聖拘礙不得，淨裸裸赤灑灑，謂之本來面目，本地風光。〔註 76〕

圓悟認爲，回心性之光返照，當凝照到一念不生的空隙地方，條然自得，如虛空一樣廣大無邊，主體之光淨裸裸赤灑灑，從古到今都一直存在著，沒有什麼東西能夠遮蔽限制它。也就是說在「一念不生」的空隙地方，或者說念頭生起的源頭領悟心性本體。因爲不管念頭怎麼多，怎麼紛飛，在兩個念頭之間總是有空隙，否則念頭無法生起。念頭來來去去，永不停留，以虛空爲背景，如果將精神聚焦到空隙地方，就可悟到光明佛性。其實多數人無法在意識上超越有限，領悟乃至把握無限，不能明白眞我是永恒不滅的，他們總是向外追尋，把自己對無限的渴望投射到外部世界，因而永遠也無法滿足，無法快樂開心。這就是實現了主體自覺的禪者與普通人之間的區別。因此，只有放下後天的分別計較，坐斷是非得失，才能領悟先天自性，實現主體自覺。圓悟說：

> 才有是非紛然失心，直這一句驚動多少人做計較。若承當得，坐得斷，透出威音王那畔。若隨此語轉，特地紛然，自迴光返照始得，如來禪、祖師禪豈有兩種，未免語含各分皂白，特地乖張，事

〔註 75〕弘學、李清禾整理：《圓悟克勤——碧巖錄・心要・語錄》，成都：巴蜀書社，2008 年，第 443 頁。
〔註 76〕同上註，第 283 頁。

理機鋒一時坐斷，是打淨潔球子，還知諦當著實處麼？放下看取。
〔註77〕

在圓悟禪師看來，「才有是非紛然失心」，在語言分析計較的作用中，常常被稱爲「自我」的那個意識在蠢蠢欲動，這個自我喜歡以自己爲中心來思考和盤算，以我爲中心去分析，執著於我和我的東西，辨明是非，分清歸屬。總是帶著自我這個有色眼鏡觀察並與對方進行比較，這樣一來，「紛然失心」，看不到事物的眞實和全部，只能看到部分和皮毛而把它當作全部和眞理，並且大言不慚地說這就是眞正的自我。而在那一瞬間，人們已經從事物的本質裏滑落而去。所以用人的理性和語言是看不到人自身的本來面目的，看不到事物的本質的。人們只會離自己的生命源頭越來越遠，乃至成爲他鄉異子，忘記回家的路。只有把思路和話路斷開，迴光返照，人們才能看到眞正的自我，顯現眞正的源頭，主體實現自覺。只有那個時候，作爲一個整體而存在的主人公才會呈現，他是使人們行動、思索的那個主體。圓悟還談到通過「歇」的方式來達到「無心之地」，他說：「透脫要旨，唯在歇心。此心知見生即轉遠，直下歇到無心之地，虛閒寂靜，雖萬變千轉，非外非中，了不相干。自然騰騰任運，照應無方，便可以使得十二時，用得一切法。」〔註78〕通過持之以恒地「歇心」，到達「無心之地」，心靈空靈寂靜，在生活中騰騰任運，淡泊自然，做很多事而依然輕鬆自在，如沒做一樣，這才是眞正的「無心」。這是從做工夫上來說「無心爲道」的，非常深刻。

從上面的論述可以看出，迴光返照的背後，存在幾項重要的理論預設：一是關於宇宙、生命及各種事物的念頭產生，是心性光明本體向外順流而顯現的；而且，這些念頭產生的過程有被逆轉回返操作的可能。二是先天與後天，形上與形下的兩層存有論、身體觀及意識觀。其中，先天爲後天的基礎，形上爲形下的根源。迴光返照的目的，即在由形下返回形上，由後天形象復歸於先天本來面目，實現先天主體自覺。三是相信人可以完全主宰自己的身心，人類可以轉變後天的身心結構及機能，並且不斷地純化昇華及向上提升，最終實現心性主體的自我覺醒。〔註79〕以上三者，皆互有關聯。雖然圓悟克

〔註77〕弘學、李清禾整理：《圓悟克勤——碧巖錄‧心要‧語錄》，成都：巴蜀書社，2008年，第494頁。

〔註78〕同上註，第289頁。

〔註79〕參見臺灣學者蕭進銘：《丘處機迴光說的內涵、淵源及發展——兼比較禪宗的「迴光返照」說》，網上搜索：http://sobar.soso.com/tie/1901763.html。

勤並未講述迴光返照之法在操作過程當中所出現的種種反應及身心變化情形，不過，從他的詮釋中，我們不難得知，這種方法是以常人的向外意識爲參照系的。這種方法，很可能和對意識功能的操控及轉化有關。也就是說，這種迴光返照意識是一種相對於向外意識作用（「外意識」）的內向意識覺知作用（「內意識」）。兩者的差異在於，外意識以外在世界的萬事萬物爲感知對象；而內意識所覺照者，是生命及事物內在的微細微妙之無常變化。外意識若無其它工具則其限制相當明顯，而且總含蘊著主客對立，總認爲有一個自我主體凌駕於外在的客觀對象；但內意識卻無此限制及預設，而是超越一切二元對立並與之和諧相處。〔註80〕

（二）「光照」意味著心性之光在照亮對象的同時照亮自己，從而實現主體自覺

心性大光明的顯現，既照亮了對象，也照亮了自身，這就意味著主體實現了自覺，人回歸到了生命的源頭。所謂主體的自覺，並不是一個與客體相對的認識論意義上的主體的自覺，也不是一個與外在道德規範相對的道德主體的自覺，而是超越主客二元對立的自覺，這才是真正的主體自覺。圓悟認爲，禪師要開發生命中最根本、最內在的本源性力量，確立生命的真正主體，只有超越了一切二元對立，主體才能真正覺醒。這個主體不與萬法爲侶，只有它放下萬緣，最終才會顯露出來。圓悟說：

> 迴光返照，顧人世間，如夢如幻，隨大化變滅，乃虛妄爾。唯此千劫不壞不移易，一切聖賢根本，乃造物之淵源，印定自己，若一發明，七通八達，何往不自得哉！〔註81〕

圓悟禪師在這裡強調通過迴光返照，認識到世俗的一切「如夢如幻，隨大化變滅」，是虛妄的，唯有光明本體才是最根本的存在。從而了悟到與永恒不壞不移易的心性光明本體相比較，人世間的一切如夢幻一般虛妄，因此而擺脫後天肉體身軀的制約，得到真正的自在及幸福。此時的主體實現了自覺，發現真我就在當下，就在此時此地，並且永恒存在，不用追尋，從而心靈恢復了寧靜，不再追逐外物。可以說，實現了主體自覺、達到「無心」的覺悟者

〔註80〕 參見蕭進銘：《丘處機迴光說的內涵、淵源及發展——兼比較禪宗的「迴光返照」說》，網上搜索：http://sobar.soso.com/tie/1901763.html。

〔註81〕 弘學、李清禾整理：《圓悟克勤——碧巖錄・心要・語錄》，成都：巴蜀書社，2008 年，第 496 頁。

完全超越二元主義，但不排斥它，包含所有相對，但不受其束縛，宇宙中的一切都融合成了一個和諧的整體。這是一種無相的絕對境界，並非相對的邏輯思維和語言文字所能描述。但是同時覺悟者並不排斥邏輯思維和語言文字，他同樣吃飯睡覺、交流思考，只不過他的直覺思維成了主人，能夠指揮調節邏輯思維，不會受其束縛，邏輯語言成了覺悟者的與社會交流的工具，所有的記憶、知識、概念都被點化成為智慧。圓悟說：

> 大凡截生死流，濟無為岸，無他奇特，只貴當人根器猛利，揭自胸襟，了一切有為有漏，如虛空花，元無實性，以照了之心，返自觀省，翻覆覷捕，審諦諦審，久之當有趣入之證。蓋此段並非他物，亦非他人能著力，令自己省發，如人負千斤擔子，當由己有如許力量方能堪可，若氣小力弱則被他壓倒去也。〔註82〕

在圓悟看來，實現主體自覺，並無奇特，只要「揭自胸襟」，「返自觀省，翻覆覷捕」，了悟一切有為法皆是有漏空花，並沒有什麼實在性，自然會證入本性。也就是說要令自己發奮，仔細看清當下一念，不與之認同，全然地與當下的事實在一起，久而久之空性自然會呈現。這裡說明了「光照」的特性：整體性、直接性。「光照」意味著個人是以直接性的、創造性的方式與世界相關。圓悟認為：

> 只貴大根利智，迴光返照，於一念不生處，明悟此心，況此心能生一切世出世間法，長時印定方寸，孤炯炯活潑潑，才生心動念，即昧卻此本明也。〔註83〕

在圓悟克勤看來，透過迴光返照的工夫，念頭慢慢減少、淡化，無邊無際的虛徹靈通之光明本性慢慢會呈現，在一念不生的地方，人此時會發現自己生命的真正本體，認識到世間與出世間的一切都是由此段光明本體發揮的作用。對於迴光返照的覺悟者來說，超越了普通人習以為常的二元對立思維方式，從此證悟了光明自性，進入了明淨虛寂、萬物一體的精神境界，恢復了先天本具的圓融自在的智慧，擁有了直接覺知宇宙實相、無二元對立的體悟方式。在覺悟者的直覺思維裡，無能知與所知之別，而利用生命潛在的無限能力，在與宇宙全息交通的圓融境界中，通過萬象而直見本來。

〔註82〕弘學、李清禾整理：《圓悟克勤——碧嚴錄・心要・語錄》，成都：巴蜀書社，
　　　　2008 年，第 312 頁。
〔註83〕同上註，第 275 頁。

佛教經典《大乘起信論》中說到「一心開二門」,「依一心法開二種門。云何爲二?一者心眞如門,二者心生滅門」〔註84〕。生滅門屬於後天「順向」的生滅流轉門,在開悟之前是一種迷失的狀態,眞如門屬於「逆向」的眞如還滅門,是一種覺悟狀態。〔註85〕禪宗的整個修行工夫可歸爲「轉迷爲悟」,而「迴光返照」、「逆向回歸」則是轉迷爲悟的基本方法。總之,「迴光返照」強調收攝意識,返觀自身,隨時體道,以更簡易直捷的方式當下得到解脫。這種方法論強調開發自身的資源,返照自己本具的智慧佛性,實現人生的自覺與自由。其不假外求的方式,截斷眾流的爆發力,超越語言限制的智慧,在今天依然具有重要的宗教與哲學價值。

三、「迴光返照」思想所蘊含的哲學意義及生命智慧

在中國傳統文化中,儒釋道三家都是以「生命的超越」爲中心,儒之成聖、道之成仙、釋之成佛都是某種意義上的「回返還源」的工夫,所以圓悟的「迴光返照」思想也是一個普遍的哲學問題,這裡的研究具有某種普遍意義。

(一)「迴光返照」思想的哲學意蘊

從我們的考察中,可以發現,無論是將大光明視爲是終極實在的觀點,還是迴光返照的工夫修養理論,在佛道宗教、哲學傳統當中,都具有極其重要的意義與價值。另外,我們也瞭解到佛道二家在體證形上本體的方式以及對於實在本體的認識上,與西方思辨哲學傳統的差異所在。傳統的西方思辨哲學,大多是認識論方面的分析,很少有生命靈性方面的體悟。因爲西方哲學家一般是不會採取類似迴光返照方式來達到其對於形上本體的認識的。東西方哲學傳統在方法論上的差異,由此可見;而由於方法論的不同,無疑也會連帶造成本體論觀點的分歧。中國古代的禪師,更重視體驗,強調透過工夫的實踐及修行,轉化後天的生命狀態及認知方式,達於某種生命境界,進

〔註84〕 高振農校:《大乘起信論校釋》,北京:中華書局,1992年版,第16頁。
〔註85〕 生滅門與眞如的說法,來自於相傳爲馬鳴菩薩所作的《大乘起信論》。這本書裏面談到如來藏心有不變隨緣二義,從其不生不滅、離言絕相的本體來說,是心眞如門;從其隨緣顯現,產生各種差別現象來說,是心生滅門。可以說心眞如門是指如來藏心之體,心生滅門是如來藏心之相與用。這二門對立統一,互不相離。

而達到對於宇宙、生命實相的認識，以及最終解脫目的，所以整個禪宗哲學的結構是如何成佛及由此而生的本體與工夫的問題。儒家之成聖，道家之成仙，與此相同。類似這樣的一些目的，和西方的宗教、哲學比較起來，雖無本質上的差異；但就方法層次而言，則存在著很大的不同。中國傳統的宗教、哲學，若缺少這部分的內容，那麼，其所追求的明心見性理想，將如鏡花水月一般的不實在；而如果我們想深入地認識中國的宗教與哲學思想，不嘗試瞭解這部分的內容，也同樣很成問題。

大量的哲學經典在談論本體，談論人的本質，談論生命的意義，這些思想雖然有助於人們瞭解人的「本質」狀況，但無法將人們的心靈帶到「本質」所在的地方，無法讓人們見到自己的本來面目，無法讓人們回歸到生命的源頭，生命的本質總是在彼岸與人們遙遙相望。〔註86〕現代人越是文明，越是遠離了自己的生命源頭，心靈流浪在外在的功名利祿中，找不到回家的路。因此，可以說，通過迴光返照進而回歸生命的源頭、明悟自己的本質則是現代宗教、哲學的一個重要課題。

我們從圓悟克勤的禪法中發現了一種古老而又根本的回歸方法，那就是直觀心靈、直觀生命的方法，這種直觀不是概念或經驗的，而是體驗自身，是人在自身之中的回轉而回到自身的清白狀態。圓悟反覆強調迴光返照，這種「返照」的方法讓人回歸其自性，為此人們來到自己的生命源頭。圓悟詮釋了走向生命源頭的方法，能幫助人們破除迷障，不要執著或預設什麼，不要畫地為牢、作繭自縛、因循守舊，要用清澈的眼睛去「看」。〔註87〕當無限

〔註86〕在西方哲學中，大量的經典在談論本體與人的本質。其主流歷來把邏輯的思維方式當作人類最基本的思維方式來看待和研究，但是隨著近代卡西爾「神話思維」、胡塞爾「直面於事物本身」等觀念、口號的提出，20世紀西方尤其是歐陸哲學一個最重要的特徵在於「哲學研究已經日益轉向『先於邏輯』的東西。著名的現象學的「懸擱」、「加括號」，實際上就是要求人們把習以為常以至根深蒂固的邏輯分析思維懸擱起來，暫時中止邏輯判斷，把邏輯思維所構成的一切認識對象也「放進括號裏」，以便人們可以不為邏輯思維所累，達到對事物的「本質直觀」。現象學方法的基本精神——把邏輯思維「懸擱」起來——構成了以後歐陸人文哲學的靈魂。總之，現代歐陸人文哲學的基本用力點確可歸結為一句話：打破邏輯法則的專橫統治，爭取思想更自由地呼吸。不過這些努力還是停留在邏輯分析上面，還是不能讓人體悟到自己的本性。參見吳言生：《禪宗哲學》，北京：中華書局，2001年，第210頁。

〔註87〕此處的「看」不是一種普通的「看」，而是一種超越二元對立的純粹的「看」。在日常生活中，人們習慣運用語言符號分析，比如同樣一棵樹，藝術家看到

耐心，呈現最明澈的「看」時，價值判斷和形而上學都停滯下來，生命的純粹面目出現了，它連帶出一個超越一切二元對立的清淨世界，這是生命的「本質」坦露狀態。這是一種「看」的哲學，能夠幫助人回歸生命本身。而一般哲學的反思不能透過世俗的幃幕，只有純粹的「看」才能找到新的進路，引領我們到達本眞之域，清淨之地，生命之源。〔註88〕

這種「看」的哲學強調要達到赤裸裸的呈現或純粹意識自身，要回歸到生命的源頭，實現對自己本眞存在的覺悟。迴光返照式的「看」體現了作爲般若直覺的絕對主體性，它超越了一切形式的主觀與客觀、自我與世界、有與無的二元論。近代日本禪學大師鈴木大拙說：「如果說希臘人曾教我們如何思考，基督教曾教我們信仰什麼的話，那麼禪宗則教導我們超越邏輯，甚至遇到『未知之物』亦勿爲其所滯。因爲禪的觀點就是尋找一種不存在任何二元論的絕對。邏輯起始於主客的分裂，以及把已知之物與未知之物加以區別的信念。西方的思維模式決不可能破除此與彼、理性與信仰、人與上帝等諸如此類的永恒的兩難推理。所有這一切都被禪視爲障蔽我們洞見生命與實在本質的東西而掃除。禪引導我們進入蕩遣一切概念的空的領域。」〔註89〕在這種說法中，鈴木並不意謂基督教是通常意義上的二元論。他只是在與禪的「空」作比較時才說到這一點，他認爲證得「空」、超越二元對立就稱作「悟」、「見性」。

迴光返照是一個完全獨立特異的直觀，不能夠歸類於其他任何我們所瞭解的直觀中。「在完全的建設性狀態中，不再有隔開我和『非我』的幕障。客

也許會歌頌它姿態的美，植物學家看到可能要推算它的年齡與品種，至於木匠看到恐怕就要想它是不是一塊良材了。禪宗之「看」超這種語言分析的有限性，不對客體進行抽象和二分，能見即是所見，所見亦是能見，這是生命最本質的世界，沒有語言文字立足的地方。禪宗之「看」屬於超越語言的境域，是一種超越語言的認知，是對自己本性的直接認知。在沒有語言的認知領域裏，存在著一個超越二元對立的無限世界，這是一種空無一物卻又萬象紛呈的心靈境界，一切語言概念、判斷推理來源於它，又回歸於它。要想進入這種禪的境界，必須讓喋喋不休的心靈寧靜下來，恢復它的本來面目。在這種境界中，「看」更清晰、更敏銳，語言文字能更好地被運用。不要想，而要看！在「看」中直面於事物本身，在一剎那間人自失於對象之中。禪悟觀照，正產生於自失，空諸所有，心無掛礙。

〔註88〕 參見韓鳳鳴：《解脫論：禪宗解脫哲學研究》，北京：宗教文化出版社，2008年出版，第11頁。

〔註89〕 鈴木大拙：《禪者的思索》，北京：中國青年出版社，1985年，第238頁。

體不再是客體，它不再與我對峙，而是與我同在。我看到的玫瑰不再是我思想中的一個對象，因爲當我說『我看到一朵玫瑰』時，我只不過是把玫瑰這一對象放在『玫瑰』這一概念的框架裏；而現在我則以『玫瑰即這朵玫瑰本身』的態度來看這朵玫瑰。建設性狀態同時就是最高的客觀性，我看到的對象不再因我的貪婪與恐懼而受扭曲。我是以對象的本來樣子來看這個對象，而不是以我的臧否好惡來看它。」〔註90〕從鈴木的話中，可以知道在這種領悟方式中，沒有人爲的扭曲，它生氣盎然，是主客體的渾然統一。禪者強烈地體驗到對象，這對象仍如其本然存在，這就是迴光返照奇妙的地方。「這時一點覺心，靜觀萬象，萬象如在鏡中，光明瑩潔，而各得其所，呈現著它們各自充實的、內在的、自由的生命。所謂萬物靜觀皆自得。這自得的、自由的各個生命在靜默裏吐露光輝」。〔註91〕

（二）「迴光返照」思想所蘊含的生命智慧

在中國傳統及至整個世界的思想園林中，禪宗思想是一株閃耀著奇特光彩、神秘而又靈動的奇葩。它是印度佛教與中國儒道思想的融合產物，是一個偉大的會合。它擯棄了印度佛教的神秘色彩和繁瑣概念而繼承了其中的直覺世界實相的精髓，同時融合了中國儒道的心性之學與社會擔當的精神。它的「迴光返照」思想蘊含著豐富的人生智慧，能給人很好的啓發。〔註92〕

在這物質發達、科學昌明的時代，人們已經很難理解禪宗思想和迴光返照思維了，好像它們是天方夜談。但是人們的內心深處潛藏著一種追求精神自由、追求心靈和諧的渴望，而這些單靠科學是無法滿足的。人們把目光投向古老的中國傳統文化，尤其是禪宗思想，希望從中吸取到心靈的營養，豐富自己的生命。不過經過科學洗禮的現代人用自己的習慣思維去探索禪時，碰到了重重困難。其實在理解禪時，應該轉換自己的思維方式，放下自己習慣性的二元對立的邏輯思維，深入生活本身，看清生命的本質，這也就是禪思維對現代人的啓示和重要意義。

〔註90〕鈴木大拙：《禪者的思索》，北京：中國青年出版社，1985年，第230頁。
〔註91〕參見宗白華：《藝境》，合肥：安徽教育出版社，2006年，第185頁。
〔註92〕禪宗重視「人」的作用，因爲人是善惡的主體，是宗教實踐的主體，佛是人成。而一般人在日常生活裏，往往會被外界牽著鼻子走，失去了作爲人的自主性。比如會因爲別人的一句話，而左右了自己的喜怒哀樂，失去了冷靜。禪就其功用而言，是啓發個人展現靈活生活的藝術，它幫助人們參透生命的究竟，解脫紛擾的煩惱，展露本我的活力。

根據現代科學，可以把人的思維大致分為直覺思維、意象思維和邏輯思維三種。所謂直覺思維，是指人類的一種普遍心理現象，是一種不需經過分析、推理，而對客體直接洞察、完整把握的認識能力和思維方式，這是一種非二元的思維方式，宗教家主要運用的是這種思維；所謂意象思維，是指主體用某種具體、形象的東西來說明某種抽象的觀念或原則，這是一種介於二元對立與非二元對立之間的思維方式，藝術家主要運用的是這種思維；所謂邏輯思維，又稱抽象思維或理論思維，是思維的一種高級形式，其特點是以抽象的概念、判斷和推理作為思維的基本形式，以分析、綜合、比較、抽象、概括和具體化作為思維的基本過程，從而揭露事物的本質特徵和規律性聯繫，這種思維建立在主觀與客觀二元對立的基礎上，科學家、理論工作者主要運用的是這種思維。〔註93〕這三種思維方式並不是截然分開的，彼此之間有著複雜的關係，在主體認識事物的時候分工合作。但是人們總是在生活中過度發展和運用其中某一種思維方式，忽略其它思維方式，尤其是現代人執著邏輯思維，以自我為中心，從而帶來心靈異化和精神困境，因為忽略任何一種思維方式都會帶來問題。

對於現代人來說，邏輯思維佔了主流地位，每天面對很多信息，思考很多的問題，總是喋喋不休，這種散亂分別耗盡了我們生命的能量，製造了無窮的煩惱，使我們無法領略生命的快樂與輕鬆。人越是變得文明，他就越少與自己的身體有聯結。現代社會是高度信息化的社會，人們每天接觸大量來自工作、學習和生活的信息，頭腦在飛速地運轉，我們簡直生活在自己的頭腦中，已經遺忘了自己的身體，我們的身心之間出現了嚴重的分離！「頭腦試圖操縱一切，頭腦成了生命王國裏唯一的主人，但身體不甘於遺忘，它會起來反抗，它以種種疾病的方式打亂了人們正常的生活。意識是身體的陽光，身體渴望著意識的迴光返照，當意識返觀自身，身心合為一體，身體就會奇迹般地充滿能量與活力。」〔註94〕禪強調的就是意識的回歸，返觀內照自身，不要迷失在概念思考中。

禪並不排斥邏輯思維和意象思維，而是在涵括它們的基礎上超越它們，不為語言文字所迷惑，不把概念知識當成偶像。禪者知道語言文字的重要性，

〔註93〕參見陳穎健、張慧群：《新思維範式》，北京：科學技術文獻出版社，2002年，第3頁。

〔註94〕戈國龍：《道教內丹學探微》，成都：巴蜀書社，2002年，第245頁。

但也知道語言的局限性，能隨時隨地能放下語言，也能提起語言。對今天的人們來說，學習迴光返照思維是爲了更好地生活、工作，提升自己的生命境界。禪所闡釋的迴光返照，會給人們一種意料不到的感覺角度，能把人們帶入一個全新的境界，尋回自在的精神家園。可以說，迴光返照思維是一種非對象性的直覺思維。〔註95〕它與作爲日常哲學、科學思維的對象性的邏輯思維不同。對象性的邏輯思維基於主客體的二元對立，它把對象當做一個外在的，同主體生命情感不發生關係的、沒有生命的死物來解剖，其目的是獲取知識，征服對象。在對象性思維中，主體不僅要遵循思維必然性，還要遵循對象的必然性，故而主體的心靈和意志是受制約的、不自由的。對象性思維又可稱爲理性的分析的求知思維。與此相對，禪的非對象性的迴光返照思維則基於主客體不分、主客體的圓融一體，強調主客體的當下性和無常性，它把對象當作同主體一樣內具生命情感的活物來交流、對話，其目的是體悟人生的意義、價值和歸宿、滿足人的終極關懷。

東方禪的中道直覺迴光返照思維兼容具體分析的西方經驗可使人類思維達到最理想的狀態。在超越性上，西方在二元的對立上，主體不斷地戰勝客體完成外在的超越。而東方的禪從人自身的統一中，從本心上獲得智慧，又從智慧上完成內在超越性。二者的互補，可使西方偏執的分析方法走向中道、圓滿，將使人類得以全面完成，實現眞正的自由。〔註96〕

〔註95〕 所謂非對象性的直覺思維，是指在這種直覺思維中，沒有一個確定的對象，也沒有一個確定的主體，主體與對象是合一的，也就是說能見與所見是同一的，是當下直接覺知的。換一個角度說，對象可以是任何東西：它可以是路邊的一棵小草，也可以是丈六金身佛像。在這種直觀中，直觀的對象絕不是由艱難的推理過程所假定出來的一個概念：它既不是「這個」，也不是「那個」：它永不把自己附著於任何特殊的對象。所以，迴光返照的對象是不可思議的。當以分別原理爲基礎，當「你」和「我」仍處於兩相對立的狀態，就不可能有迴光返照。這是一種人在其中完全和他內外眞實相應的狀態。在這種狀態中，人對那眞實有著完全的覺察和把握。既不是用他的大腦，也不是用他身上的任何其他部分，而是用全部身心去覺察這個眞實：不是把這個眞實當作一個用思想去捕捉的客體，而就是在那朵花、那隻狗、那個人中，在它或他之中，在全部現實性中去覺察這個眞實。在迴光返照中，禪者對世界敞開，並具有回應性，他不再把自己作爲一個物而執著，故變得空靈，能容納一切。所以說，迴光返照本質上是洞察人生命本性的藝術。

〔註96〕 此部分參考魏建中：《試論禪悟思維的和諧特質及其現代啓示》，《湖南社會主義學院學報》，2008 年第 3 期。

第五章 「文字禪」思想與詮釋實踐

　　圓悟是宋代「文字禪」的代表人物，其代表作《碧巖錄》是一部以評唱爲中心的具有原創性的高水準「文字禪」作品，被譽爲「宗門第一書」，[註1]也與六祖慧能《壇經》一起被譽爲禪林雙璧，不僅內容豐贍、風格獨特，而且其流通傳播也極具傳奇色彩。

　　「宗門」是相對於「教門」而言的，「宗」是指禪宗，表示它是在傳統佛教教下各派之外的獨立門派。「宗門第一書」表示《碧巖錄》是自東土禪宗始祖菩提達摩（？～536）至圓悟克勤約 600 年間的「第一書」，至少表示它是六祖慧能（638～713）至圓悟克勤約 400 餘年間的「第一書」。慧能的《壇經》，是中國佛教唯一一部被稱爲佛經的禪書（佛教中只有釋迦牟尼的著述方有成「經」之資格），地位非常高，圓悟克勤的《碧巖錄》被後世學人視爲可與《壇經》比肩，可見《碧巖錄》地位之高。另外圓悟也有頌古、拈古、擊節等文字禪作品，其內容包羅萬象，風格獨特，語言獨具特色，文字優美而彰顯禪意，可以說是顯示了「文字禪」的魅力，美不勝收。本章將圓悟的「文字禪」作爲一個個案進行討論，期待借助當代詮釋學理論，探討「文字禪」理論與實踐的基本內容。

〔註 1〕　此語出自《碧巖錄》後序，據記載，有崆中張明遠者搜集各方面所留存的版本或各種抄寫本，對校後印行。張明遠復刊本書的卷首是這樣的，「宗門第一書、圓悟碧巖集」，兩邊細注「無邊風月眼中眼，不盡乾坤燈外燈。柳暗花明十萬戶，敲門處處有人應」。

第一節 「文字禪」的語言世界

宋代是一個文化全面復興與整合的時代，禪宗在這個時期也向「混融」的方向發展，其表現之一就是文字禪的興盛。文字禪實現了宗教與文藝的融合，大大促進了禪宗「向社會各方面滲透」〔註2〕。圓悟「文字禪」是在宋代「文字禪」大背景下的一個縮影，是中國禪宗歷史上的一個非常重要的宗教文化現象，因此在對圓悟文字禪進行個案討論之前，不得不對整個「文字禪」作一個綜合性的解讀，以期對一些基本問題進行澄清。

一、關於「文字禪」的定義

在探討圓悟「文字禪」的思想及詮釋實踐之前，我們先要理解「文字禪」的概念意義，何謂「文字禪」？「文字禪」的特徵是什麼？

「文字禪」〔註3〕是一個特殊的概念，它有獨特的表現方法和固定的體裁。學術界一般認為「文字禪」一詞首先見於惠洪《石門文字禪》，但據周裕凱先生考察，比惠洪更早的黃庭堅也曾用到「文字禪」一詞，其《題伯時畫松下淵明》稱：「遠公香火社，移民文字禪」。〔註4〕不管怎樣，文字禪這種文化現象主要是在宋代興起的。正如麻天祥先生所說：「入宋以來，隨著禪宗燈錄的刊行，叢林參究公案的風氣益盛。宋代禪僧有鑒於此，顯然不再拘泥於『文字為障道之本』的定見而將語言文字築於禪門之外，而是強調『大法非拘於語言，而借語言以顯發』，說明語言文字與禪的密切關係。」〔註5〕可見，宋代禪僧開闢了禪宗的另一種發展道路，將以文字說禪推向了高潮。那麼我們如何定義發生在宋代的「文字禪」呢？我們先來看一看現代一些專家學者

〔註2〕 麻天祥：《中國禪宗思想發展史》，武漢：武漢大學出版社，第77頁。

〔註3〕 「文字禪」的產生和發展始終與運用公案結合在一起。公案受到禪宗界的重視，並且逐步成為教禪和學禪的基本資料，是與中唐開始的禪僧生活方式和修行方式的變革相聯繫的。禪宗「文字禪」的起源可以追溯到唐代，但是它形成與公案之學相聯繫的穩定形式，成為頗具影響力的禪學潮流，則是從北宋開始。在禪宗歷史上，文字禪所引發的論爭激烈、持久，超過其他任何一種成體系的禪學思潮。支持者認為它有助於明心見性，有助於修行解脫；反對者則認為它違背佛心祖意，徒增煩惱障礙，導致禪宗衰落。總的說來，沒有文字禪的興起和發展，也就沒有禪宗在宋代的巨變，也就使禪僧失去了與士大夫溝通的重要渠道，無法深入社會大眾。

〔註4〕 周裕凱：《文字禪與宋代詩學》，高等教育出版社，1998年，第27頁。

〔註5〕 麻天祥：《中國禪宗思想發展史》，武漢大學出版社，第74頁。

對「文字禪」的理解。魏道儒先生認為:「所謂『文字禪』,是指通過學習和研究禪宗經典而把握禪理的禪學形式。他以通過語言文字習禪教禪,通過語言文字衡量迷悟和得道深淺為特徵。」〔註6〕文字禪的禪師們在解說禪時,都是以不點破為原則,不是直截了當,而是輾轉地說明,極力避免說破語中意趣。因此,文字禪主要是採用偈頌、詩歌等形式表達禪理,而非一般的語錄文字作品。〔註7〕楊曾文先生認為:「文字禪是指重視運用文字表述禪法主張的形式和傳法風尚。文字禪的表述形式有多種,有語錄、舉古、徵古、拈古、代語、別語、頌古、偈贊、詩歌、法語、雜著碑銘序跋等。」〔註8〕周裕凱先生則認為:「『文字禪』詞的定義從宋人的闡釋和宋代禪宗的實際狀況來看,大概有廣義與狹義之分。廣義的『文字禪』泛指『指以文字為媒介、為手段或為對象的參禪學佛活動。其內涵大約包括四大類:1、佛經文字的疏解;2、燈錄語錄的編撰;3、頌古拈古的製作;4、世俗詩文的吟誦。而狹義的『文字禪』主要是指詩歌。」〔註9〕可見,「文字禪」有廣義、狹義之分。廣義的「文字禪」是指用來解說禪的古德語錄、公案話頭、詩僧詩文、禪師偈頌等形式各異的文字作品,這是一種極為複雜的文化現象,其中體現著共同的精神,即對語言功能的承認甚至肯定,體現了宋代的文化理性精神。因而,通過對「文字禪」的解讀破譯,我們可以更多地發現禪宗的智慧和哲思。狹義的「文字禪」是指詩歌與禪結晶的成果。禪的生命智慧與藝術語言聯手,既促進禪宗哲學的詩化,也推動宋詩的哲學化。藝術化的文字是宋人精神存在的家園,宋人已將現實內容、外在實踐抽象為一種精神性的活動,文字具有了形而上的準宗教的意義。〔註10〕

　　對「文字禪」而言,以上的幾種說法是比較有代表性的理解。筆者以為,以上的定義從各個角度對「文字禪」進行了定義,都有一定道理,但在內涵和外延的界定上太籠統,並未能完全揭示「文字禪」的含義。為了研究方便,

〔註6〕 魏道儒:《關於宋代文字禪的幾個問題》,《中國禪學》(第1卷),北京:中華書局,2002年,第22頁。

〔註7〕 參見魏道儒:《關於宋代文字禪的幾個問題》,《中國禪學》第一卷,中華書局,2002年,第23～25頁。

〔註8〕 楊曾文:《雪竇重顯及其禪法》,《中國禪學》(第1卷),北京:中華書局,2002年,第189～190頁。

〔註9〕 參見周裕凱:《文字禪與宋代詩學》,北京:高等教育出版社,1998年,第31頁。

〔註10〕 同上註,第25～28頁。

筆者將「文字禪」界定爲一種運用頌古、拈古、評唱、擊節等藝術化的語言形式對禪的表徵——公案進行詮釋以幫助學習者解悟禪理乃至證悟心性本體的宗教文化現象，是一個包括語言思想、詮釋方式、詮釋內容等因素的文化大系統。需要注意的是，「文字禪」不是一種禪法，與「看話禪」、「默照禪」不是一個平面上的概念，它是用藝術化的語言形式對禪的表徵——公案進行詮釋，方便學人理解禪理的方式及成果。宋代的「文字禪」爲中國發展出新的語言學思想及詮釋方式，而這種實踐背後的基礎爲人人本具的如來藏自性清淨心，因此它是一種主觀與客觀、歷史傳統與現實生活、語言文字與自性本體交融的文化現象。

值得指出的是，儘管文字禪由於被社會泛化，帶來了一些負面影響，加劇了禪的葛藤現象，但是不能「把文字禪與葛藤禪同等看待」〔註 11〕，這些問題主要應從歷史大背景及個人修持毅力上去找原因，而不能因葛藤問題把文字禪與葛藤禪同等看待。辨明「文字禪」的含義很重要，關係到我們研究的方向。如果不是特別說明，本書所探討的「文字禪」以上述「文字禪」定義爲準。

二、「文字禪」源流考

「文字禪」的起源可以追溯到唐代，但是它眞正形成爲一種禪學潮流是在北宋。禪，超越語言又不離語言，無法表達卻又必須表達；不能落入知解的窠臼，又必須借助文字手段傳達禪悟的妙境。正是由於禪宗的內在矛盾孕育了文字禪的產生，即由刻意排斥語言文字到編寫大量語錄，流行大量公案，以及盛行頌古、拈古、代別，而評唱將禪宗推向「文字禪」高潮。「文字禪」的發展促進了宋代文藝與禪宗的交融，最終形成了影響宋朝及後代文化的一種重要文化現象。

「文字禪」既是一種宗教現象，也是一種文化現象，還是一種文學現象，在中國思想史上具有重要意義。「文字禪」表明了宋人對語言本質的更深刻的認識，魏晉以來的「言意之辨」在宋人那裡得到更進一步發展。佛教二道相因的思維方式使得宋代禪宗對言意關係有更辯證的看法。在宋人眼中，指與月，符號與意義，能指與所指，語言與存在，往往有同一性。我們可以把宋

〔註11〕閆孟祥：《宋代臨濟禪發展演變》，北京：宗教文化出版社，2006 年，第 172頁。

代這種文字禪發展演變的過程分為以下三個階段：以語錄之風盛行為特徵的開始階段；以頌古、代別、拈古等形式出現的發展階段以及以「評唱」為代表的高峰階段。

在唐及唐末五代期間，禪師們一般很少用大量語言文字來解釋禪法。馬祖道一（709〜788）和石頭希遷（700〜790）分別是六祖慧能再傳法嗣，二人分別在江西、湖南開宗立派。禪宗發展到這個時候，非常興盛，參禪人數大增，開悟者也很多。此時禪僧的生活方式有些改變，往往到處參訪。因此，修行的方式不再僅僅是個人的靜坐默究，而是師徒之間或師友之間的相互啟迪和勘驗。行腳參禪的風氣在禪界很盛行，禪師之間的交流趨於頻繁，禪師傳法一般通過比較簡短含蓄的語言，或身體動作來演示禪理，比如推、打、踏、喝等等，促使禪者開悟，這些傳禪的方式被後人統稱為「棒喝禪」。這種「棒喝禪」到五代時期發揮到了極致，極端否定語言文字，從而走向了反面。有些禪師為了撥亂反正，重新審視語言文字在修禪中的作用。五代末北宋初，永明延壽禪師為文字禪在宋代的勃興做出了突出的貢獻，「他借用魏晉玄學的言意觀，明確肯定了語言文字在參禪修道中的作用。」〔註12〕他指出：「若言名字無用，不能詮諸法體，亦應喚水火來。故知筌蹄不空，魚兔斯得。」〔註13〕延壽禪師認為，就像要想捕魚抓兔，必須借助筌蹄一樣，要想傳播禪法，必須借助語言文字。這個論述雖然比較簡單，但意義非同尋常，它扭轉了唐末五代以來輕視語言文字、流於狂俗的風氣，奠定了宋代文字禪的基礎。

禪宗到了宋代，開悟者減少，禪僧學禪遇到的困難增多，為了總結參禪的方法，當時很多僧人將前代禪師的機鋒棒喝的禪學言行用文字記錄下來，這樣出現了「語錄」。同時，宋代的禪僧文化基礎好，加之宋代士大夫的加入，此時的禪宗由農禪轉向士大夫禪，體現了一種中國化過程。禪師語錄在宋代很盛行，士大夫也喜歡為之作序，這樣更加助長語錄之風的盛行。隨著語錄之風的流行，大量語錄出現，其中一些著名禪師的經典言論被專門整理出來作為衡量迷悟的準則，被稱為「公案」。這就是「文字禪」的開始階段。

禪師們對公案進行注解，就出現了頌古、拈古等文字禪作品，文字禪進入了發展階段。比永明延壽稍晚的臨濟宗禪師善昭，是宋代文字禪興起的一個重要人物。他認為，古代禪師的語言與行為是隨機利物的，學習者隨之而

〔註12〕陳自力：《釋惠洪研究》，中華書局，2005 年，第 151 頁。

〔註13〕延壽：《萬善同歸集》卷上，《大正藏》第四十八卷，第 962 頁。

各自解悟。因此，禪師以文字語言開示禪意，學徒通過文字語言解悟禪理，語言文字就成了禪師與學者之間禪可示可悟的中介。善昭說：「夫參玄大士，與義學不同，頓開一性之門，直出萬機之路；心明則言垂展示，智達則語必投機；了萬法於一言，截眾流於四海。」〔註14〕這就是說，禪比義學優越，禪要求「頓開」、「直出」，沒有那麼多的邏輯推理和繁瑣注疏。通過持續不斷地參究古人語錄公案，就有可能領悟禪的眞諦，明白自己的光明本性，故亦名「參玄」。這種從古人語錄上領悟禪理的主張，同沙門義學從三藏經論中把握佛理的做法，是有著很大區別的，雖然都重視語言文字，但是禪宗強調直指人心，因此要求不能進行邏輯思考，當下超越語言文字，直下領悟。至於語言，只是參玄修禪的鑰匙。善昭探討了語言文字與禪悟直覺之間的關係，他的主張代表了中國禪宗發展的一個方向，從刻意貶低語言的功用，轉成了「了萬法於一言」的理論自覺。有了這樣的認識轉變，善昭開始創作「代別」，這個詞是「代語」與「別語」的簡稱。所謂「代語」，原有兩個含義：其一是指問答酬對間，禪師設問，聽者或懵然不知，或所答不合意旨，禪師代答的話語；其二是指古人公案中只有問話，沒有答語，代古人的答語。所謂「別語」，是指古人公案中原有答話，作者另加一句別有含義的話。二者區別不大，都是對古人或他人禪語的發揮。〔註15〕善昭利用這種形式，借用古代公案，表達自己對禪的理解。他曾說明創作公案代別的原因：「室中請益，古人公案未盡善者，請以代之；語不格者，請以別之，故目之爲代別。」〔註16〕就是說通過添加「代語」或「別語」，對公案作進一步的解釋。善昭的代別之作保存於他的《公案代別百則》和《詰問百則》中。另外他首創頌古，對公案進行詩意的再詮釋，對宋代文字禪學起了很大的促進作用。在北宋以後的禪史上，頌古比代別具有更大的影響力。由於得到廣大士大夫的特別喜愛，使它有著很強的感召力。緊接著雲門宗的雪竇重顯（981～1053）模仿善昭的做法，作了《頌古百則》，把頌古之風推向了高潮。這一段時間是「文字禪」的發展時期。

北宋中後期，禪僧們在對公案及頌古的理解上出現了很大困難，圓悟克

〔註14〕 善昭：《汾陽語錄》卷下，《大正藏》第四十七卷，第 619 頁中。
〔註15〕 參見魏道儒：《關於宋代文字禪的幾個問題》，《中國禪學》第一卷，中華書局，2002 年，第 23～25 頁。
〔註16〕 楚圓集：《汾陽無德禪師語錄》卷中，《大正藏》第四七卷，第 613 頁。

勤曾給頌古下過一個經典性的定義：「大凡頌古，只是繞路說禪。」〔註17〕意思是說，頌古是繞著彎表達禪理，並不不點破。因此所傳的公案及頌古意義隱晦，眾人對同一個公案及頌古存在不同的理解，這樣對公案及頌古進行細密的解釋和考證成了時代的需要，圓悟克勤與黃龍慧洪順應了時代潮流，將文字禪推向了高潮。他們一方面在理論上針對很多僧人對文字禪風的合法性的質疑，從不同角度論證了文字禪的必要性和正當功能，從而使得文字禪獲得了理論支撐。比如圓悟克勤認為可以通過「以言遣言，以機奪機，以毒攻毒，以用破用」〔註18〕的言談技藝，來破除學僧對一切有無諸法的執取，建構語言和心靈世界的另一種關係，幫助學人回歸心性本體。惠洪認為：「心之妙不可以語言傳，而可以語言見。」〔註19〕在他看來，語言儘管難以將內心的開悟經驗傳達給別人，但至少可以將內心的開悟經驗展現出來，因此，他說：「蓋語言者，心之緣、道之標幟。標幟審則心契，故學者每以語言為得道淺深之候。」〔註20〕語言文字可以作為心靈的媒介和真如的標幟，作為悟道深淺的徵候。另一方面他們在實踐上不斷開拓創新，像圓悟克勤留下了像《碧巖錄》這樣的鴻篇巨製，惠洪留下的作品也非常可觀。這一段時期可稱作「文字禪」的高峰期。

總之，從晚唐五代開始，到北宋中後期，「文字禪」從發展到全面勃興，在中國禪宗史上，留下了光輝的一頁。善昭、重顯、圓悟、惠洪等文字禪大家，出家後皆有過遊歷諸方，遍參知識，融會禪門各家宗旨的經歷，同時他們又深入研究過佛教經典，熟悉佛教基本理論，所以他們能夠發前人所未發，將前代禪師所悟證的機緣與佛教的基本理論相聯繫，並以理論分析的形式表達出來。另外，他們或者幼習儒業，或者出家後又鑽研儒典，故有較高的文化素養，能寫出漂亮的詩詞和文章，以文載道，因而能夠在社會上產生重大影響。事實上，「文字禪」不僅僅是從量變到質變的縱向發展的結果，而更主要是宋代文化橫向影響的產物。在晚唐五代的分裂混亂之後，宋王朝開始著手文化的重建，經過太祖、太宗、真宗、仁宗幾朝的積累，北宋中葉文化出

〔註17〕《碧巖集》卷一，《大正藏》第四八卷，第141頁。
〔註18〕弘學、李清禾等整理：《圓悟克勤——碧巖錄‧心要‧語錄》，成都：巴蜀書社，2006年，第480頁。
〔註19〕宋慧洪：《雲門文字禪》卷25，轉引自麻天祥：《中國宗教哲學史》，北京：人民出版社，2006年，第296頁。
〔註20〕同上註，第296頁。

現全面繁榮，復古思想盛行，學術空氣濃厚，禪宗文獻作爲一種人文資源、古典精神傳統，像儒家經典一樣得到人們的重視，「文字禪」的出現正是禪宗順應文化重建任務的表徵，而「以文字爲詩」則正是時代學術風潮在詩中的折光。〔註21〕

三、「文字禪」背後的禪宗語言哲學思想透視

考察圓悟「文字禪」的思想與詮釋實踐，我們不能不先探討禪宗的語言哲學思想，從中尋找文字禪的內在理路。禪宗是中國古代影響很大、風格獨特的佛教宗派。它提倡直指人心、見性成佛，充分發揮人的內在智慧，展示人的自我價值。歷史上禪僧們的禪語問答被記錄下來，形成了禪宗語錄，其數量浩如煙海，十分可觀。禪宗語錄的語言十分奇特，其含義和用法往往超出日常用法，這種奇特的語言實踐是中國語言學的一個重要組成部分。這種語言現象是與禪宗的語言哲學思想分不開的，一方面，它強調不立文字，強調反觀內照，領悟本有的佛性，另一方面它又提倡不離文字，用語言文字幫助學人領悟佛理。禪的這種語言哲學思想深刻地揭露了直覺體知與語言文字之間的矛盾和關聯，從而有力地推動了中國語言的哲學化，對中國文化的發展做出了重要貢獻。「不立文字」是禪宗的標誌性思想，但是人們常常將「不立文字」誤解爲「不要語言文字」和「不要邏輯思維」，實際上，「不立文字」的眞正含義是不執著於佛教經論，不執著於語言文字。今天，我們嘗試運用認知語言學的理論對禪宗的語言觀進行考察，從而澄清一些觀念。

（一）當代認知視域下的語言哲學思想

傳統的語言學認爲自然語言具有獨立於人的思維和運用之外的客觀意義，語言是對客觀世界的直接反映。認知語言學則認爲，「沒有獨立於人的認知以外的所謂意義，也沒有獨立於人的認知以外的客觀眞理，語言與認知是密不可分的，自然語言是人的智慧活動的結果，又是人類認知的一個組成部分」。〔註22〕所謂認知，主要是指大腦對客觀世界及其關係進行處理從而能動地認識世界的過程，或者說是通過心智活動將對客觀世界的經驗進行組織，

〔註21〕參見周裕鍇：《文字禪與宋代詩學》，高等教育出版社，1998 年，第 35～40 頁。

〔註22〕趙艷芳：《認知語言學概論》，上海：上海外語教育出版社，2002 年，第 15 頁。

將其概念化和結構化的過程〔註 23〕。認知語言學認為，語言不是直接表現或對應於現實世界，而是有一個中間的「認知構建」層次將語言表達和現實世界聯繫起來。在這個認知中介層，人面對現實世界形成各種概念和概念結構。現實世界通過這個認知中介層「折射」到語言表達上，語言表達也就不可能完全對應於現實世界。「認知語言學」的哲學基礎是體驗哲學，是一種「身心合一」或「心寓於身」的認知觀。按照這種觀點，心智和思維產生於人跟外部世界的相互作用，在這個相互作用的過程中人通過自己的身體獲得經驗，這種經驗用「體驗」稱之最為恰當。

在認知語言學那裡，語言是以認知為前提的，也就是說認知先於語言產生，存在前語言階段的認知，因此，思維必須借助於語言外殼的說法是不准確的。可以說，人的思維過程不像計算機執行程序的流程圖一樣，而是跳躍式的、並行式的。當考慮問題時，不是對客體進行詳盡無遺的思維，而是進行一種神速的沒有語言的思維。在文學創作中，作家、詩人也常常先有新的思想、新的意境而後決定該用什麼詞語，選擇哪一種句法形式來表達。所以說，語言不是思維唯一的表現形式，思維是可以脫離人的自然語言而獨立存在的。認知語言學認為，語言能力只是認知能力的一部分，認知先於語言，存在超越語言的認知。語言背後的認知機制是形成和理解語言的重要基礎。〔註 24〕

（二）禪的超越性與「不立文字」

人一生下來便被置身於話語的世界。從功能的角度看，語言是人類最重要的交際工具，人之所以能生存，就因為彼此之間能和衷共濟，抵禦自然和人為的災害，不斷創造幸福的生存環境；而人們彼此之中所以能合作，就因為有語言這個交際工具，人們就是靠它來互通信息的。所以說，語言具有工具性，人人都在運用語言這個工具。

然而，我們的語言的核心特徵體現在主體與客體的對立，主體對客體進行抽象和二分，抽象出客體的主要特徵，省略部分的真相。因此我們的語言並不是對客觀世界的直接反映，也不是對客觀世界的整體反映，只是一種間接的、部分的、象徵的反映。字詞本身不是它們所指的事物，比如，水這個字無法讓人們止渴，無論我們說某一物是什麼，它就不是這個物體。任何語

〔註 23〕趙豔芳：《認知語言學概論》，上海：上海外語教育出版社，2002 年，第 2 頁。
〔註 24〕同上註，第 18 頁。

言的表達都是部分的、有限的，它只能從一個特定的角度、特定的層面來描述問題，從相反的角度、不同的層面來看，總能找到它的對立面。這就是語言的有限性。作為這個世界的象徵的語言本身並不會傷害或誤導人。它們有很強的實用價值，跟文明社會不可分離。但是每當人們忘記語言名相不是語言名相所代表的那個事物本身（實相），而把實在的象徵和實在的自身相混淆時，問題馬上就出來了。而人們卻經常犯這樣的錯誤，產生了種種偏見。

語言文字都是指月之指，作為一個悟道的工具它是有用的，透過語言的工具可以領悟那個永恆的光明存在。它是生成萬物的本體，但是沒有任何對它的表述是完美的，當學徒執著於語言的表述，說明其法執未破，煩惱未盡。「禪作為絕對本體，在知解、差別、對待之外，是對知解、對立的超越。」〔註25〕真正的「禪」的境界超越一切語言文字，因此禪宗反覆強調「不立文字」，這也是禪宗的標誌性思想。因此可以說禪宗「不立文字」主要基於以下兩個原因：一是禪師們認為人們的心靈被以語言文字為載體的思想所蒙蔽而模糊，人們以為思想者就是自己，從而認同了這個思考者，以致於沉溺於喋喋不休的語言思維中不能自拔，這種思想活動無法停下來，心靈無法寧靜，最終忘記了真正的自己——真如佛性本身。從這個意義上說，禪宗「不立文字」是指要截斷以語言為載體的思想流，頓悟到這個思想流後面自己本有的真如佛性。因此「不立文字」不是指不要客觀世界的語言文字，不要日常生活中的文本，而是指要超越語言文字，超越思想，體驗到一個思想流的中斷——一個「無妄念」的間隙。一旦體驗到這個間隙，人就處於一種沒有思考卻又高度機警和覺知的境界之中，在此基礎上，去思考問題，反而會更清晰，更冷靜，更具有創造性。所有有創造力的科學家、藝術家，無論他們知道與否，那個創造的靈感都來自一個無心的地方，都來自內在寧靜。對於大多數科學家不具創意的原因很簡單：並不是因為他們不知道如何思考，而是他們不知道如何停止思考。這麼說來，「不立文字」的語言觀是多麼富有辯證性，它看到了語言文字的局限性，人一旦過度在意語言文字，形成無休無止的思想流，形成強烈的自我執著，就會帶來危害。第二個原因是因為「禪」本身是一種無限的超越境界，無法用建立在二元對立基礎上的語言來描述清楚，只可直接認知，親證自得，不可從他人得知。

〔註25〕石世明、蔣德陽：《語言的困境和美學的使命——莊、禪語言觀的現代觀照》，《渝州大學學報》，1992 年。

（三）禪的現實性與「不離文字」

禪宗語言哲學思想與禪法的傳授方式悟道方式密切相關，禪宗倡導「頓悟」，因禪法微妙，不可言說，必須衝破現有語言、概念對人類思想的束縛。這實際上提出了語言表達功能的限度問題。然而事實上禪師們不可能永遠沉默不語，啓發後學，引導開悟，交流道法，宣傳教義等，都常常需要借助語言。這就是禪的現實性，禪並不能離開現實生活，它面臨傳播的問題。如何解決這個看似明顯的矛盾呢？禪師們提出了「放一線道，有個葛藤處」，即在不立文字的前提下，略開方便之門，通過語言的暗示啓發，引導初學者登堂入室，領悟禪法。

很多人認爲禪宗「不立文字」的語言觀是反對語言文字本身，是一種反語言的語言觀。其實這是一種誤解，禪宗的「不立文字」實際上根本就沒有「不要文字」或「屏去文字」的含義，而是指不要執著於「文字」，尤其是不要執著於佛教經論。禪宗認爲，佛教的經論猶如捕魚之「筌」和指月之「指」，是人們禪悟修證的指引和資鑒，不可認「筌」爲魚，認「指」爲月，而這往往是人們最容易犯的錯誤。《壇經》解釋，「如何是不立義？自性無非、無癡、無亂，念念般若觀照，常離法相，自由自在，縱橫自得，有何可立？自性自悟，頓悟頓修，亦無漸次，所以不立一切法」〔註26〕，「若悟自性，亦不立菩提涅槃，亦不立解脫知見，無法可得，方能建立萬法，是眞見性。」〔註27〕一個開悟的人能以般若觀照一切法，不再執著包括語言文字在內的一切法，自由自在，隨時隨地都能運用語言卻不執著語言，自性不受打擾，因此說禪宗的「不立文字」就是不執著語言文字，就是《金剛經》中說的「不住一切相」和「無所住而生其心」。

從上面可以看出，「不立文字」是從心靈層面來說的，而在實際生活中，禪宗強調「不離文字」，而且在語言文字運用方面，禪師們極富創造性。一方面，他們運用語言文字宣說教義，形成了相當多的經典作品。禪師們非常重視語言文字，隨口講說，皆成經典，留下了很多作品。另一方面，他們用語言文字幫助禪修已有相當基礎的學人開悟，在機鋒問答中把語言的功能發揮得淋漓盡致，以語言消除學人對語言的執著。言語機鋒、棒喝交馳具有快捷無迹的特點，不容絲毫猶豫思索，機鋒相對，一發中的。

〔註26〕郭朋：《〈壇經〉》校釋》，北京：中華書局，1997 年，第 100 頁。
〔註27〕同上註，第 101 頁。

「不立文字」與「不離文字」的悖論，實際上關涉到宗通與說通、體知與認知、智慧與知識、不可說與可說、無語與有語、遮詮與表詮的關係。禪宗經過長期發展而形成的禪宗語言哲學思想，對遮詮與表詮、無語與有語、知識與智慧的關係都進行了會通。不立文字與不離文字，兩者看似相反，實際上相通。不離文字著重於禪宗智慧，屬於體驗認知，屬於心靈覺悟方面的範疇；不離文字著重於禪宗的經驗知識，目的在於使學者透過平實的語言理解禪的道理，屬於現實層面的範疇。那麼這種圓融的語言觀背後有著什麼樣的哲學基礎和認知機制呢？從上面論述中，可以看出，禪宗重視直接認知自己的眞如本性，即「明心見性」，體現爲一種體驗哲學。〔註28〕綜上所述，「不立文字」與「不離文字」是不同認知境域的範疇，並不矛盾，禪宗語言哲學可以從現代認知語言學理論裏面得到合理的解釋，這樣文字禪的產生與發展也是情理之中的了。

第二節　「文字禪」思想與詮釋方式

圓悟克勤禪師給後世留下了《心要》二卷，《語錄》二十卷，《擊節錄》二卷，還有在中國禪宗史上占重要地位、影響巨大的《碧巖錄》，總字數達四十萬之多，把中國的禪文化推向了輝煌的頂峰。他既有有博覽群書的文化底蘊，又有參禪悟道的宗教體驗，因此，在他身上，體現了文學才華與佛禪智慧之間的融合，可以說他是宋代禪宗文化的集大成者。對語言的把握爐火純青，對禪法的熟悉如數家珍，這一切體現了他融通文字與禪悟智慧的才能，也是他文字禪詮釋實踐的最大特點。這一節，我們考察其文字禪思想的基本內涵及文字禪實踐的具體詮釋方式。

一、圓悟的「文字禪」思想

圓悟在評唱禪宗公案和頌古的過程中，形成了自己的「文字禪」思想，對語言文字與禪的關係和如何運用語言文字說禪，以及如何透過語言文字領悟禪理，提出了許多深刻的見解。我們從四個方面來對他的「文字禪」思想進行解釋。

〔註28〕參見魏建中：《認知視域下的禪宗語言哲學思想透視》，《學習月刊》，2009 年第 4 期。

（一）「禪非意想，道絕功勳」——「文字禪」的前提

禪本身不是一種思想，而是一種悟道的體驗，是一種明心見性的體驗，圓悟作爲禪師，對這一點是非常清楚的，因此在評唱的過程中，他不厭其煩地強調這一點。他說：「向上一路，千聖不傳，學者勞形，如猿捉影。」〔註29〕「向上一路」指禪宗不可思議的徹悟境界，這就是說，學習者想通過思慮領悟禪的眞理，是不可能的。禪本身超越語言文字，不可表述。圓悟說：

> 禪非意想，道絕功勳。若以意想參禪，如鑽木求火，掘地覓天，只益勞神。若以功勳學道，如土上泥，眼裏撒沙，轉見困頓。倘歇卻意識，息卻妄想，則禪河浪止，定水波澄，去卻功用，休卻營爲，則大道坦然，七通八達。〔註30〕

> 向言句上辨認，卒摸索不著。且道，畢竟如何是法身？若是作家，聊聞舉著，踢起便行；苟若佇思停機，且伏聽處分。〔註31〕

圓悟認爲，禪不能以意想分解來參悟，如果向語言文字上摸索，則永遠和自性光明沾不上邊，悟道須力行實踐，親自參悟，當下承當。禪宗的精神，是實際的生活、實際的體驗。在圓悟的評唱中，他反覆強調頌文和公案無論從表面上看來有多麼大的差別，都毫無例外地表達相同的禪宗主旨，即超越語言文字，領悟自己的本性。例如，無論在《碧巖錄》中，還是在他的《語錄》或其它著作中，圓悟凡講解公案、頌古時，經常總結：「古今言教，機緣公案，問答作用，並全明此」〔註32〕，「古人舉一機一境，皆明此事」〔註33〕。這裡的「此」，就是「不立文字，教外別傳，直指人心，見性成佛」的禪宗宗旨，或者說就是明淨心性本體。這正是圓悟詮釋所有公案和頌文的基本原則。所以說，圓悟雖然重視文字在明心見性過程中的作用，並用了大量的篇幅來詮釋禪，但是最根本的是他重視禪宗自證自悟的實踐精神，這是文字禪的前提，捨此則文字禪的意義無從談起。

〔註29〕弘學、李清禾等整理：《圓悟克勤——碧巖錄・心要・語錄》，成都：巴蜀書社，2006 年，第 39 頁。

〔註30〕同上註，第 334 頁。

〔註31〕同上註，第 115 頁。

〔註32〕同上註，第 250 頁。

〔註33〕《佛果擊節錄》，《續藏經》第六十七冊，第 227 頁上。

（二）「不得已而立個方便語句」──「文字禪」的合理性

禪是於相離相，於念離念，超越一切言說文字的絕對存在，禪悟的這種特性就好像「如人飲水，冷暖自知」。但是，禪雖不可說，卻又不得不說。名僧慧皎說：「禪也者，妙萬物以為言，故能無法不緣，無境不察。」〔註34〕禪還需借言以顯，文字就成了禪可「悟」可「示」的中介。

傳播禪法離不開語言，語言文字是一種自利利他的工具。圓悟強調啟迪後學離不開語言和文字言教。他說：「此事雖不在言句上，且要驗人平生意氣作略，又須得如此藉言而顯。」〔註35〕「古人方便門中，為初機後學未明心地，未見本性，不得已而立個方便語句。如初祖西來，單傳心印，直指人心，見性成佛，哪裏如此葛藤？須是斬斷語言，格外見諦，透脫得去，可謂如龍得水，似虎靠山。」〔註36〕他認為禪師的語言開示，是出於不得已，是幫助學人明心見性的方便，並不是要人迷執言句，而要透過語言體悟真諦。語言文字只是「標月指」，由此而當下體悟自身佛性，此種對自性的體悟才是其所指的「月」。

圓悟在「文字禪」的文本中，不斷強調，禪的究竟義雖然是不可落於文字的，但是作為方便，即一種自利利他的工具，語言文字具有喚醒學人的語用力量，具有使人回歸的積極能力。在他看來，語言文字是一種廣度眾生的方便，是第二義門的工具。圓悟賦予語言重要的價值，認為它不僅可以讓人領悟禪理，發明本心，從此，通變自在，受用無窮；同時，還可以體現「老婆心切」般的大乘救世情懷。圓悟說：

> 既不立文字語言，（心）如何明得？所以道，路逢達道人，不將語默對。〔註37〕

> 解語非幹舌，能言不在詞。明知舌頭語言不是依仗處，則古人一言半句，其意唯要人直下契證本來大事因緣。所以修多羅教如標指月，知是般事便休，行履處綿密，受用時寬通。〔註38〕

就是說，恰當的文字語言之提挈，對於明心見性這一本質目的是很必要的。

〔註34〕慧皎：《高僧傳》卷十一。

〔註35〕弘學、李清禾等整理：《圓悟克勤──碧巖錄‧心要‧語錄》，成都：巴蜀書社，2006年，第197頁。

〔註36〕同上註，第31頁。

〔註37〕同上註，第291頁。

〔註38〕同上註，第492頁。

圓悟重視明心見性的基本宗旨，強調須洞徹心源，以實現心體的自覺澄明；但他並不過分強調禪宗的「不立文字」，而是認爲語言文字在實現明心見性這一根本目的的過程中具有重要的引導作用。圓悟談道：「教中大有老婆相爲處，所以放一線道，於第二義門，立賓立主，立機立境，立問立答。所以道：諸佛不出世，亦無有涅槃，方便度眾生，故現如斯事」。〔註39〕在他看來，對於學徒來說，語言並不需要涉及終極心性本體的推論，重要的不在語言是否完整地傳達了禪的眞理，而在於它具有的語用力量。上面兩段話，非常明確地表達了圓悟禪師的這一立場。

文字禪之所以合理，在於時代傳播的需要。禪師們苦口婆心，借助語言文字來詮釋超越語言文字的禪法，順應時代發展的傳法需要。圓悟克勤是一位著名的禪師，他根據時代特徵借助藝術性的語言文字詮釋禪宗思想幫助學人開悟，其背後的緣由主要是兩個方面。

第一，圓悟禪師所處的時代，禪宗內部末學橫流。當時的禪宗隊伍裏很多僧人或者以飽食熟睡、遊談無根爲事，或者多學言句，胡亂猜測，對禪根本不瞭解。這樣導致的結果是盲修瞎煉，離禪越來越遠。圓悟曾形容當時的人「只是記憶公案，論量古今，持擇言句」，〔註40〕或者「執著記憶，以爲己見」，〔註41〕在文字上鑽研，而遺忘了一位僧侶應做的本分。

「不立文字」是禪宗的標誌性思想，但是人們常常將「不立文字」誤解爲「不要語言文字」和「不要邏輯思維」，這種觀點推向極致，便成爲蒙然無知的「啞羊僧」的藉口。實際上，「不立文字」的眞正含義是不執著於佛教經論，不執著於語言文字，而思想的傳承必須通過語言文字記錄下來，所以又說「不離文字」。

正是有鑒於次，圓悟不顧當時一些禪師的勸告，義無反顧地評唱禪宗公案與頌古，爲當時學人理解禪宗公案解黏去縛。圓悟師弟佛鑒曾勸他中止評唱，佛鑒寫信道：「近有禪客至此，傳聞夾山禪師邇來爲兄弟請益雪竇，其洪機捷辨出沒淵奧，頗異諸方，自古今未有也。某聞之不覺灑涕，自謂高蹈之士何至此矣！……然高明遠識者，有以見諒必無外也，弟恐晚學後昆，疑其

〔註39〕 弘學、李清禾等整理：《圓悟克勤——碧巖錄・心要・語錄》，成都：巴蜀書社，2006年，第68頁。

〔註40〕 《心要・示宗覺禪人》，《卍續選輯》禪宗部第十四冊，第715頁中。

〔註41〕 《心要・示諧知浴》，《卍續選輯》禪宗部第十四冊，第724頁中。

言句尖新，以爲佛法只如此矣，遂坐守化城，不能進至寶所，爲害非淺。」〔註42〕佛鑒認爲評唱公案，會造成後學誤入文字障中，忘卻正道，因此極力反對圓悟評唱。

但是頌古有「繞路說禪」〔註43〕的特點，在解釋公案方面有很大局限性。大多數僧人因歷史知識和佛學修養的限制，對頌古理解有很大困難。例如，到北宋中後期，許多僧人對重顯的頌古之作已經是「銀山鐵壁，孰敢鑽研；蚊咬鐵牛，難爲下口。不逢大匠，焉悉玄微」〔註44〕，正是在這種情況下，圓悟不顧別人反對，用評唱直截了當地解說公案和頌古，後來經門人整理而成《碧巖錄》。「通觀百則評唱，克勤在公案和重顯頌文的基礎上，旁徵博引，提要鈎玄，時而簡單捷說，如數家珍；時而機鋒畢露，發人深思，集中表現了他的禪學思想。」〔註45〕正是由於《碧巖錄》的這些特點，在北宋末到南宋初的一段時間，《碧巖錄》受到禪僧們的歡迎，被視爲最主要的經典，朝誦暮習。

第二，宋代文化興盛，士大夫喜禪，是促動圓悟重視「文字禪」，借語言文字弘揚禪法的社會因素。圓悟所處時代，是北宋中期以後，此時宋代文化走向成熟，達到了空前發展的時期，整個社會的禪悅之風大盛，眾多士人進入參禪隊伍中，他們不但自己著書立說，也與禪僧酬唱問答，這有力地促進了用文字表達禪的方式的形成。宋代禪師們好作歌頌，他們使用華麗乖張的文字表達自己對禪的體悟，或編撰師長之言行語錄，並流行在古則中添加拈古或頌古，或在上堂小參時引用古人詩句、公案機鋒，或使用對偶工整的韻文作爲講解的內容。

宋代的士大夫與僧人交往密切，士大夫亦多參禪，如范仲淹、歐陽修、司馬光、呂公著、王安石、楊億、富弼、李遵勗、張商英、蘇軾、胡安國等，無一不熱衷參禪，另外理學家周敦頤、二程、楊時、謝良佐等也出入於佛老。士大夫的佛學水平空前提高，對佛經的意旨多有發明，士大夫爲佛經作注疏以及爲僧人語錄作序成爲一時風尚。士大夫的禪學水平也受到禪師們的高度評價，如惠洪作《智證傳》，屢引蘇軾之說與佛經禪籍相印證，如引蘇軾《虔州崇慶

〔註42〕參見《緇門警訓》卷八，《大正藏》第四十八冊，第1085頁下～第1086頁上。
〔註43〕《碧巖集》卷一，《大正藏》第四十八冊，第141頁上。
〔註44〕《碧巖集‧普照序》，《大正藏》第四八冊，第138頁上。
〔註45〕麻天祥：《中國禪宗思想發展史》，長沙：湖南教育出版社，1997年，第93頁。

禪院新經藏記》證《金剛般若經》。尤其是張商英的禪學，更受到禪門學者的推許，稱「相公禪」，後來竟有禪門長老承嗣張商英開堂說法。張商英曾請圓悟克勤講說公案與頌古。這一切因素直接間接影響到圓悟對「文字禪」的重視。

總之，圓悟禪師「大立文字」是出於不得已，對於他來說，作為「如標指月」的一切言教之法，皆是方便法門，本身並無獨立的自性可得。禪的言說並不說出某種具有本體論價值的真理，而是在創造一個「事件」，這個事件能產生一種語用的效果，具有語用的效力，儘管這種效果並不總是被人感受到。〔註46〕因此可以說，在明心見性的禪修過程中語言顯示了它巨大的功績，「文字禪」的合理性也就在其中了。

（三）「以言遣言，以機奪機，以毒攻毒，以用破用」——「文字禪」言說者必須遵循的原則

在禪宗教學上，為使禪法流傳，慧命不斷，必須使用一切可行的方式引導後學。圓悟說：「大凡扶豎宗乘，也須是全身擔荷，不惜眉毛，向虎口橫身，任他橫拖倒拽，若不如此，爭（如何）能為得人。」〔註47〕一個證悟自性的禪師必須盡一切力量教導大眾，不能作一自了漢。圓悟禪師對公案及頌古之評唱，或古或今，或雅或俗，意境及文探獨具特色，非無緣故。而對於說禪者來說，如何保留住唐代祖師機緣語錄和公案平常而又深秘的意味，是一項難題。他說：「古人言不虛設」，「凡出言吐氣，須是如鉗如鋏，有鉤有鎖，須是相續不斷始得。」〔註48〕因此，對禪的詮釋，確是需要一番用心。也就是說，在詮釋禪的過程中，應當講究言說技巧。實際上，圓悟對他自己的詮釋方式有明確的意識。他說：

> 群機有利鈍，所悟有淺深。是故勞他諸聖出來，應物現形，隨機逗教。便有權有實，有照有用，有殺有活，有賓有主，有問有答。〔註49〕

> 不墮理性言說，放出活卓卓地，脫灑自由妙機。遂見行棒行喝，以言遣言，以機奪機，以毒攻毒，以用破用。〔註50〕

〔註46〕參見龔雋：《禪史鈎沈》，北京：三聯書店，2006年，第316頁。
〔註47〕同上註，第75頁。
〔註48〕弘學、李清禾等整理：《圓悟克勤——碧巖錄·心要·語錄》，成都：巴蜀書社，2006年，第76頁。
〔註49〕同上註，第429頁。
〔註50〕同上註，第480頁。

不同的人有不同的資質，對禪的領悟也有深淺之別，因此，需要聖者「隨機逗教」，對不同的人用不同的方法，不同的語言，這就是技巧問題。因此，禪師的語言不能按「常語」解，也就是應該充分考慮其使用的特殊語境，意識到它是特殊群體爲實現特殊目的而使用的一套特殊的話語體系，參照禪宗的思想觀念對其進行解讀，才有可能理解其表達的意義。圓悟認爲要通過「以言遣言，以機奪機，以毒攻毒，以用破用」的言談技藝，借語言這個人人本有的工具來破除日常語言中對一切有無諸法的執取，恢復清淨的本性境界，建構語言和世界的另一種關係。說禪者需要用各種語言方式去幫助學人超越日常語言、概念所形成的習慣，千方百計地發揮語言的力量。而禪門公案和語錄中出現的大量看似矛盾含混的言談，正是禪師爲了發揮語言力量的匠心獨運。

禪師的語言文字都是指月之指，學人應該透過語言的工具去領悟那個本來面目，但作爲悟道工具的語言，「文字禪」言說者需要遵循一定的規則。他指出：「建法幢，立宗旨，須是互爲賓主安貼家邦。」〔註51〕因此，爲了建法幢，立宗旨，弘揚佛法，在運用語言時須注意方法，遵循規則，設立賓主，有權有實，有殺有活，以各種方式來突破言談的一般規範。他強調「衲僧家須是句裏呈機，言中辯的」〔註52〕，並特別提出「文字禪」的用語規則要「打破常理見解」，以「本分說話」，即凡出一言半句，都應該做到「不犯鋒芒」，不「傷鋒犯手」〔註53〕，「一言一句，不亂施爲」〔註54〕。圓悟禪師認爲，對於說禪的人來說，要求是非常高的，既要體悟自性，又要善於言說。正是在注重言說技巧的思想指導下，圓悟禪師在說法的過程中，大量用詩歌說禪。其實，禪在詩中比在哲學思辨中更容易找到它的表現形式，詩歌作爲一種言說方式，改變的不僅是言談的外在形式，而且是言談的本質。圓悟的詩非常具有隱喻性，運用形象的語言指向那人人本具的腳跟下大光明。

在「文字禪」的詮釋過程中，圓悟禪師還強調語默不二，語即默，默即語。在他看來，禪的靜默也是一種語言手段，具有語用力量，能夠發人深省。靜默並不是消極的對言說的否定，言與默是在相互依存中發生作用的。對語默不二，圓悟有非常細心的體究。他說：

〔註51〕弘學、李清禾等整理：《圓悟克勤──碧巖錄‧心要‧語錄》，成都：巴蜀書社，2006年，第342頁。

〔註52〕同上註，第156頁。

〔註53〕同上註，第92頁。

〔註54〕同上註，第59頁。

> 有者道，意在默然處。有者道，在良久處。有言明無言底事，
> 無言明有言底事。永嘉道：默時說，說時默。總恁麼會，三生六十
> 劫，也未夢見在。而若便直下承當得去，更不見有凡有聖。是法平
> 等，無有高下，日日與三世諸佛，把手共行。〔註55〕

圓悟禪師批評那些將語言與靜默割裂開來的人，他認為靜默並不是無言中之無言，而是無言中之有言，而言語也並不是言語中之言語，而是言語中之無言，這就是禪師所領悟到的語默不二的道理。因此，「文字禪」提倡「語中無語，名為活句」，言說只是初期的教學，只有領悟了「語默不二」的道理，才是真正的禪悟。每一個聲音都發源自靜默，也消逝於靜默，而它短暫的壽命也被靜默包圍著，靜默使聲音得以存在。它是每一個聲音、每一個音符、每一個言語裏本質而隱含的一部分。所以說，靜默也可以作為一種「文字禪」的語言技巧，它並不是對言說的消極的否定，而是在言談脈絡裏產生作用的，即「它們是在相互依存中發生作用的」。〔註56〕還可以說，靜默是一種比言說更有力量的言說，它表示了一種更深入的意義，可以瓦解日常言談的程序，讓學人截斷妄想之流，體悟自性光明。

圓悟禪師在把前代禪師的機緣語錄和公案詮釋的過程中，一直努力在口語與書寫、言說與靜默、宗門與義學的兩極間保持非常微妙的平衡，力主維持自家禪門的立場，形成了自己的典範，為後世留下了一筆寶貴的精神財富。

（四）「向言外知歸，方有少分相應」──「文字禪」受眾必須遵循的原則

對於參禪者來說，應當透過公案語錄的語言，領悟超越一切二元對立的靈明自性，回歸到生命的源頭。圓悟說「其實此事不在言句上」，「須是向語句未生已前會取始得」〔註57〕。確實，靈明自性或者說是生命源頭不在語言上面，相反一切語言都來自於它。他又說，「觀佛祖言教皆影響邊事」，如果只是一味「持擇言句，論親疏，辯得失，浮漚上作實解」，就難免不能受用，

〔註55〕弘學、李清禾等整理：《圓悟克勤──碧巖錄·心要·語錄》，成都：巴蜀書社，2006年，第199頁
〔註56〕參見龔雋：《禪史鉤沈》，北京：三聯書店，2006年，第320頁。
〔註57〕弘學、李清禾等整理：《圓悟克勤──碧巖錄·心要·語錄》，成都：巴蜀書社，2006年，第25頁。

「迷卻正體」。〔註58〕可見對於迷戀言句，頭腦中喋喋不休的人們來說，迷失了自己的本性，不能受用。圓悟認為：

> 此事若在言語裏，則合一句語便殺定，更不移改也，云何千句萬句，終無窮竭？將知不在言語裏，要假語句以顯發此事，靈利漢當須直體此意，超證透語句底，使活鱍鱍地，便能將一句作百千句用，將百千句作一句用也。〔註59〕

因此，圓悟強調「向言外知歸，方有少分相應」〔註60〕。他提醒學人不要「尋言逐句」，要善於「言中透得言，意中透得意，機中透得機。」〔註61〕可見，是要學人透過前人的言、意、機，體悟超越言、意、機的心性本體。對機緣公案中的「一言半句」，都要「直下撥開一條正路」，「一言之下，如桶底脫相似」。〔註62〕他說：「古人句雖如此，意不如此，終不做道理繫縛人。曹溪鏡裏絕塵埃，多少人道，靜心便是鏡，且喜沒交涉，只管做計較道理，有什麼了期。」〔註63〕從語言中領悟無言的道理，回歸超越語言分別的生命源頭，這才是參禪者應有的態度。圓悟在《碧巖錄》第八十九則的評唱中，批評人們的種種解釋，他說：「如今人多去作情解道：遍身底不是，通身底是，只管咬他古人言句，於古人言下死了。殊不知，古人意不在言句上，此皆是事不獲已而用之……須是絕情塵意想，淨裸裸，赤灑灑地，方可見得大悲情。」〔註64〕在對第九十則頌古的評唱中，又說：「古人意雖不在言句上，爭奈答處有深深之旨。」〔註65〕圓悟在這裡強調學人不要用普通人的常識、情理去理解公案語句，要善於透過言句，超出言句，體悟古人暗示的解脫道理，放下心頭的執著，絕情塵意想，回歸到淨裸裸的禪悟之境。因此，圓悟強調在參禪時要參活句，他說：

> 他參活句，不參死句。活句下薦得，永劫不忘。死句下薦得，自救不了。若要與祖佛為師，須明取活句，韶陽出一句，如利刀剪

〔註58〕弘學、李清禾等整理：《圓悟克勤——碧巖錄・心要・語錄》，成都：巴蜀書社，2006年，第490頁。
〔註59〕同上註，第247頁。
〔註60〕同上註，第27頁。
〔註61〕同上註，第62頁。
〔註62〕同上註。
〔註63〕同上註，第35頁。
〔註64〕同上註，第192頁。
〔註65〕同上註，第196頁。

卻，臨濟亦云：吹毛用了急還磨，此豈陰界中事？亦非世智辯聰所
及，直是深徹淵源，打落從前，依他作解，明昧逆順，以金剛正印
印定，麾金剛王寶劍，用本分手段，所以道，殺人須是殺人刀，活
人須是活人劍。既殺得人，須活得人，既活得人，須殺得人。〔註66〕

圓悟認為，學道追求覺悟，應當持之以恒地參活句，從中體悟自性，因為死
句容易讓人執迷，活句才讓人言外知歸。所謂活句，是指無字義可尋而又含
意深刻，非從言外之意深參而不能了悟的語句，而死句則是有字義可尋的語
句。實際上，「死句」和「活句」的區別有兩個標準。一個是客觀標準：「死
句」指有義句，意在句中，「活句」指無義句，意在言外；另一個是主觀標準：
同樣一句話，有人死於句中，不能透過，有人得意忘言，句中覓活。「文字禪」
強調「活句」，「句」就「文字」而言，「活」就「禪」而言。所以說，圓悟根
據傳播禪法的現實需要，大膽詮釋，但是他對於「文字」始終保持清醒的態
度，其「死句」、「活句」之分正是他強調「言外知歸」的兩種可能的結果。

圓悟禪師在《碧巖錄》第七十三則談論關於馬祖道一的離四句絕百非之
公案時說：「垂示云：夫說法者，無說無示。其聽法者，無聞無得。說既無說
無示，爭如不說；聽既無聞無得，爭如不聽。而無說又無聽，卻較些子（還
差不多）。只如今諸人，聽山僧在這裡說，作麼生（如何）免得此過？具透關
眼者，試舉看。」〔註67〕意思就是說，說法與聽法者都必須把握禪的本旨，
瞭解語言的有限性與工具性，言外知道迴光返照，才能達到實踐之效果，這
段垂示完全表達了禪宗教學上的基本要求。因此，「古人機緣語句，不必盡要
會之，但一著分明，則著著如此。」〔註68〕「一著分明」，意思是自己靈明心
性的顯露開發。對於古人的公案，不必全部掌握，關鍵是自性的光明能否顯
露出來。所以，對於《碧巖錄》的種種譬喻，引證經教、儒史詩文等語言文
字，必須按照圓悟所開示的要求，保持活潑的心態，把握正確的理解方向，
才能體會其中所欲表達的智慧信息。《碧巖錄》第十三則中有句話「一切語言，
皆是佛法」〔註69〕，可見對於開悟者來說，世俗語言與解脫境界在本質上並
無根本差別，世俗語言能幫助人頓悟自性，成就智慧，具有重要價值。他還

〔註66〕弘學、李清禾等整理：《圓悟克勤——碧巖錄·心要·語錄》，成都：巴蜀書
社，2006 年，第 225 頁。
〔註67〕同上註，第 135 頁。
〔註68〕同上註，第 333 頁。
〔註69〕同上註，第 43 頁。

說：「總一切語言爲一句，攝大千沙界爲一塵」，〔註 70〕只有超越語言的差別性，領悟到語言文字都是指月之指，作爲一個悟道的工具它是非常有用的。如果充分發揮語言的語用功能，透過語言的工具，就會體悟到那個永恒的光明本性。因此，就「文字禪」受眾者而言，必須以靈活的心去接受禪師自由活潑的教示，不能拘泥不化。如圓悟在《碧巖錄》第二十二則裏所說：「所以古人道：承言須會宗，勿自立規矩。言須有格外，句須要透關，若是語不離窠窟，墮在毒海中也。」〔註 71〕言句之外的深意才是參究的對象，經教或語言文字都應在禪宗之自力體悟的基礎上，才能得到合理適當的安排，這一點是禪門的通義。

二、圓悟的「文字禪」詮釋方式

考察了圓悟「文字禪」的基本思想，我們將視野轉向圓悟的「文字禪」的詮釋方式，對其進行個案探討。我們嘗試從現代詮釋學的角度來看圓悟的「文字禪」。在此要說明的是，我們並不是以今天的眼光去把圓悟克勤當做一個現代意義上的詮釋學家，以爲他是在有意識地做一種現代意義上的詮釋工作，而是運用現代的詮釋學理論來考察圓悟的「文字禪」實踐。

詮釋活動是一個過程，既然是一個過程就沒有恒常性可言，沒有自性可說，因此詮釋是無限開放的，當然在詮釋過程中也反映詮釋者的語言表達能力及文化水平。詮釋者將文本的意義用語言的方式表達出來，漸漸形成了固定的詮釋方式，爲後人樹立了典範。作爲禪師的圓悟克勤一方面繼承前人的詮釋方式，自作頌古、拈古，另一方面創造了評唱與擊節兩種詮釋方式。拈古、頌古主要是輯錄禪師的公案附以議論，評唱、擊節則是對拈古、頌古的再評述。下面我們考察圓悟「文字禪」的四種詮釋方式。

（一）頌古

所謂「頌古」，《佛光大辭典》稱：「禪宗將古人指導弟子所開示之公案（古則），以簡介的偈頌表示之，稱爲頌古。」〔註 72〕圓悟認爲：「大凡頌古只是

〔註70〕弘學、李清禾等整理：《圓悟克勤——碧巖錄・心要・語錄》，成都：巴蜀書社，2006 年，第 198 頁。

〔註71〕同上註，第 65 頁。

〔註72〕慈怡主編：《佛光大辭典》「頌古」條，臺灣佛光山出版社，1989 年版。

繞路說禪。」﹝註73﹞可見，頌古是用來詮釋公案所蘊含的禪理的，其原則是「不說破」。

頌古這一以韻文詮釋古德公案的方式由宋初汾陽善昭禪師創立，至北宋中葉雪竇重顯禪師發展成熟，他的《頌古百則》影響最爲宏巨，將頌古這種「文字禪」形態推向了高潮。圓悟曾讚美雪竇之頌古云：「雪竇頌一百則公案，一則則焚香拈出，所以大行於世。他更會文章，透得公案，盤礴得熟，方可下筆。」﹝註74﹞圓悟是很推崇雪竇的才情的。關友無黨（按：圓悟克勤的弟子）評雪竇說：「雪竇《頌古百則》，叢林學道詮要，其間取譬經論，或儒家文史，以發明此事。」這就使雪竇的頌古顯得富贍華麗，文辭可讀，情趣盎然。頌古由於與詩歌形式相近，受到廣大禪僧及士大夫的特別喜愛。他們不僅重視書本、文字，而且還追求辭藻的華麗，音韻的完美。這樣形成了宋代的頌古之風，出現了很多優秀的作品。

圓悟禪師繼承前人的成果，自己也寫頌古，詮釋禪宗公案。他繼承了雪竇以「繞路說禪」的新詮釋方法，採用詩體這種含蓄、象徵、委婉的表現手法，而且根據不同的內容，選擇不同的詩體，有律詩絕句，也有古風歌行，有五言、七言，也有三言、四言、六言，或淳樸典雅，或輕靈飄逸，意義含蓄，常蘊言外之旨，這樣就開闊了人們想像的空間。試看圓悟自作的兩例頌古：

> 舉。雲門示眾云：乾坤之內宇宙之間，中有一寶秘在形山，著燈籠向佛殿裏，拈三門安燈籠上。
>
> 虎豹文章麒麟頭角，輝天焯地堆山積嶽。拶破面門分蓋色騎聲，截斷羅籠分解黏去縛。罷卻干戈百草頭，萬里秋天飛一鶚。﹝註75﹞
>
> 舉。馬祖與百丈同遊山，見野鴨子飛過。祖云：「是什麼？」丈云：「野鴨子。」祖云：「向什麼處去也？」丈云：「飛過了也。」祖將百丈鼻孔扭，丈作忍痛聲。祖云：「何曾飛去？」丈於此有省。
>
> 野鴨過前溪，千峰凜寒色。相顧不知歸，未免資傍擊。扭破疑團萬恒消，捎風直下透青霄。雲山海月渾閒事，一語歸宗萬國朝。
> ﹝註76﹞

﹝註73﹞《碧巖錄》第一則，《大正藏》第48冊，第141頁上。

﹝註74﹞《碧巖錄》第四則，《大正藏》第48冊，第144頁中。

﹝註75﹞弘學、李清禾等整理：《圓悟克勤——碧巖錄‧心要‧語錄》，成都：巴蜀書社，2006年，第538頁。

﹝註76﹞同上註。

第一則頌古針對的題材是雲門的一句話，他說「乾坤之內宇宙之間，中有一寶物秘在形山。」圓悟頌古對此話進行形象的解釋，說明此寶物光輝燦爛，照天照地，只有超越內心的衝突，才能見到此心性之寶，從而達到「萬里秋天飛一鶚」的禪悟境界。全頌從心性本體的角度觀察世界，極具引導作用。第二則頌古針對的題材是關於百丈馬祖野鴨子對話的著名公案，這個公案馬祖借野鴨子教導百丈懷海禪師，指示百丈放下對現象的「執著」，回歸自性本體。因為這則公案本身是含義很豐富的禪語，所以很多禪師都寫頌古對此公案做進一步的解釋、發揮。圓悟的頌古獨具特色，運用隱喻手法，表明百丈迷執野鴨、千峰，如人在外面迷失歸途，師傅從旁邊擊打，破除其內心疑惑，百丈返本還源，歸心入本，回歸正途，此時如同雲山海月一樣悠閒自在。這兩例頌古的形式從文筆看來，韻律清楚，讀起來琅琅上口，其句式不一，第一則六句，第二則八句，帶有宋人的語言特點。再看兩例：

> 舉。僧問馬祖：如何是佛？祖云：即心即佛。
>
> 無須鎖子八面玲瓏，不撥自轉南北西東。海神知貴不知價，留
> 向人間光照夜。〔註77〕
>
> 舉。僧問馬祖：如何是佛？祖云：非心非佛。
>
> 碧海珠荊山璧，耀乾坤唯別識。利刀剪卻無根樹，萬疊峰巒斂
> 煙霧。〔註78〕

這兩例頌古文采斐然，帶有濃厚的文藝氣息，以形象的語言把禪悟的本質深入淺出地詮釋出來，非常具有特色，體現了圓悟禪師文學才華與佛禪智慧之間的完美融合。這種頌古詮釋方式繞路說禪，讓人在詩歌的薰陶中領悟心性之理。

　　總之，從圓悟以上幾則較具代表性的頌古中，大致體現了他這樣的禪法觀念：禪悟的境界超言絕慮，擬議即錯，動念即乖；禪法自然，無作無為；反對尋言逐句，滯句迷源，而強調把握當下，實修實證。並且圓悟的頌古在表現手法和形式體裁上，都著力於藝術上的表現。在語言風格上，注重辭藻修飾，文辭典雅、華麗，語帶玄味，又善於融入感情，更好引用佛經儒典。

〔註77〕弘學、李清禾等整理：《圓悟克勤——碧巖錄‧心要‧語錄》，成都：巴蜀書
　　　　社，2006年，第538頁。
〔註78〕同上註。

（二）拈古

拈古與頌古之別，據圓悟之說明：「大凡頌古只是繞路說禪；拈古，大綱據款結案而已。」〔註79〕也就是說拈古與頌古的區別，一是頌古傾向於間接、委婉的方式，而拈古則是直接的；二是在文體上，頌古以偈頌方式說禪，或為短歌、或為詩句，文採斐然，帶有濃厚的文藝氣息，拈古則不拘一格，以散文形式居多，據事直抒，點明其中要旨所在，文較質樸。然無論拈古、頌古均以古德之公案為前提，如圓悟在《擊節錄》第一則〈德山示眾〉裏云：「古人或拈古、頌古，一則因緣須是出得他古人意方可拈掇。」〔註80〕就是說必須有所體悟，能深切體會古德公案的真意，才可用自己的話表達出來，其最終目的不外經由古德悟道之機緣，指出參禪修道的方法及對心性本體的驗證。

圓悟禪師的拈古收在《圓悟克勤禪師語錄》第十六到十八卷中，其題材範圍不拘一格，與頌古一樣主要是歷史上中國禪宗的語錄或傳說故事。試看一例：

> 舉。外道問佛：不問有言不問無言。世尊良久。外道禮拜讚歎云：世尊大慈大悲，開我迷雲，令我得入。外道去後，阿難問佛：外道有何所證而言得入？世尊云：如世良馬見鞭影而行。
>
> 師拈云：外道因邪打正，世尊看樓打樓。阿難不善旁觀，引得世尊拖泥帶水。若據山僧見處，待伊道不問有言不問無言，和聲便打。及至阿難問外道有何所證而言得入，亦和聲便打。何故？殺人須是殺人刀，活人須是活人劍。〔註81〕

這一段拈古題材針對的是外道、阿難與世尊的一則機語對答。外道問世尊：「不問有言，不問無言」。要世尊回答最終極的真理，世尊以沉默良久來回答，外道由此而入道，阿難不理解，世尊開示，指出這個外道如世界上的見鞭影而行的良馬一樣，領悟力強。圓悟拈提，指出外道「因邪打正」，回歸正途，世尊見機行事，善於傳道。圓悟又說，如果是自己遇到這種情況，就會當面就打，用臨濟宗的峻烈手段促使學人放下執著，領悟空性真理，因為「殺人須是殺人刀，活人須是活人劍」，只有打得妄想死，才能救得法身活，這樣才是

〔註79〕弘學、李清禾等整理：《圓悟克勤——碧巖錄・心要・語錄》，成都：巴蜀書社，2006年，第68頁。

〔註80〕《佛果擊節錄》，《續藏經》第67冊，第227頁上。

〔註81〕弘學、李清禾等整理：《圓悟克勤——碧巖錄・心要・語錄》，成都：巴蜀書社，2006年，第518頁。

體現了禪宗擅用的「殺」、「活」之機。圓悟的這則拈古針對性很強，把公案禪機的意義更好地凸顯出來。類似還如：

> 舉。祖師道：正說知見時，知見即是心。當心即知見，知見即如今。
>
> 師拈云：若明心達本，知見歷然。正說正行，當陽顯赫。且作麼生是即如今底事？大家齊著力，共唱太平歌。〔註82〕
>
> 舉。僧問馬祖：如何是祖師西來意？祖云：近前來向爾道。僧近前，祖劈耳便掌云：六耳不同謀。後來南禪師道：古人尚六耳不同謀，那堪三二百眾浩浩地商量，禍事禍事。
>
> 師拈云：南禪不妨因風吹火，也未免隨語生解。若有問道林，如何是祖師西來意？只對他道：水長船高泥多佛大。〔註83〕

從這兩例拈古看來，圓悟開門見山，據事直抒，點明其中要旨所在，文較質樸。他深切體會到古德公案的真意，再用準確無誤的話表達出來，指出參禪的方法及悟道的境界，由此也可見圓悟的功力。所以說，拈古這種詮釋方式直接明白，讓讀者一目了然，領悟禪理。

（三）評唱

圓悟評唱重顯的《頌古百則》，從此開創了「評唱」這種「文字禪」的新的詮釋方式。由於頌古的特點是繞路說禪，不直接說明，且詞句典雅，多用典故，因而對於文化素質較低、佛學基礎較淺的人，很難理解。圓悟的「評唱」力圖將公案及頌文中所蘊含的禪理直截了當地揭示出來，以利學習者。他的評唱縱橫鋪陳，文詞語氣間起伏跌宕，使聽者或閱讀者在驚歎之中更添幾番風味，從而消融塵垢，發明本心，領悟自性。他的評唱前後經過二十年，關友無黨的序中，記錄了他的評唱及其結集成書的過程：

> 圓悟老師在成都時，予與諸子請益其說，師後住夾山、道林，復為學徒扣之。凡三提宗綱，語雖不同，其旨一也。門人掇而錄之，既二十年矣，師未嘗過問焉。〔註84〕

這裡說明《碧巖錄》的形成，是圓悟門人根據他在三個寺院講解雪竇重顯《頌

〔註82〕弘學、李清禾等整理：《圓悟克勤——碧巖錄・心要・語錄》，成都：巴蜀書社，2006年，第519頁。

〔註83〕同上註。

〔註84〕同上註，第218頁。

古》的記錄整理而成。雪竇重顯的《頌古》是用詩歌的形式詮釋公案，宋代禪宗的教法，就是用公案來推動弘傳的。可以說《碧巖錄》是一部禪宗公案的注解書，在禪宗史上，它標誌著一個新階段，即由講「公案」，逗「機鋒」的燈錄、語錄階段，發展到注釋「公案」「機鋒」的階段。因此《碧巖錄》是一部集大成的書，在禪門中譽為「禪林第一書」。

雪竇從古聖賢機緣語錄中選出的一百則公案，分別附加頌古，以闡釋和發揚禪宗宗旨，從而形成了《頌古百則》。由於雪竇心性光明，見地純正，境界高邈，且其偈頌文字雅正，寓意深刻，因此《頌古百則》自問世以來，禪林中競相傳頌。但雪竇頌古對一般悟性不高的人來說，如蚊叮鐵牛，難為下口。如《碧巖錄序》載普照的話說：

> 雪竇禪師，具超宗越格正眼，提掇正令，不露風規。秉烹佛鍛
> 祖鉗錘，頌出衲僧向上巴鼻。銀山鐵壁，孰敢鑽研；蚊咬鐵牛，難
> 為下口。不逢大匠，焉悉玄微。〔註85〕

可見對於雪竇的頌古，一般人很難理解，需要對其進行再解釋，因此圓悟克勤在開堂說法時，為方便後學，使學人更易理解《頌古百則》的妙旨，就以雪竇《頌古百則》為底本，旁徵博引加以評唱而成《碧巖錄》。此書是詮釋雪竇頌古的權威性著作，也是一部在中國禪宗史上占重要地位，有巨大影響的著作。在《重刊圓悟禪師碧巖錄集疏》中說：「雪竇頌古百則，圓悟重下注腳。單示叢林，永垂宗旨，經也。」〔註86〕「圓悟禪師，評唱雪竇和尚頌古一百則，剖決玄微，抉剔幽邃，顯列祖之機用，開後學之心源。況妙智虛凝，神機默運，晶旭輝而玄扁洞熙，圓蟾升而幽室朗明，豈淺識而能致極哉？」〔註87〕可見後人對圓悟《碧巖錄》評價之高，對其崇拜亦可窺一斑。

通觀百則評唱，圓悟把公案、頌文和經教三者結合起來，通過細密的考證和詳細的講解，降低了學人對公案及頌古的理解難度。他旁徵博引，提要鉤玄，在生動精警的語言中，禪機活潑地躍動，可以說《碧巖錄》是圓悟生命悟性與後天學識的結晶。正是由於這個緣故，他對公案的解釋為後世學人所普遍接受。在評唱中，圓悟時而娓娓道來，如數家珍；時而機鋒畢露，發

〔註85〕弘學、李清禾等整理：《圓悟克勤——碧巖錄‧心要‧語錄》，成都：巴蜀書
　　　社，2006年，第6頁。
〔註86〕同上註，第218頁。
〔註87〕同上註，第219頁。

人深思，語言生動活潑，形成了禪門注疏的一種獨特形態，現舉一例以明其特徵。《碧巖錄》卷一第一則「聖諦第一義」，「垂示」曰：

> 隔山見煙，早知是火。隔牆見角，便知是牛。舉一明三，目機銖兩，是納僧家尋常茶飯。至於截斷眾流，東湧西沒，逆順縱橫，與奪自在，正應憑麼時。且道，是什麼人行履處，看取雪竇葛藤。

〔註88〕

這是圓悟對此則公案及重顯頌文核心思想所作的概括和提示，也可以說是全書的總示，指示出雪竇重顯與一般禪家的禪風之別，一般的禪家能做到見煙知火，見角知牛，因而能舉一反三，觸類旁通，心明眼亮，而雪竇則是截斷眾流，縱橫自在，又高出一籌。禪宗悟心，舉一明三，應是自然而然之事，而截斷眾流，逆順縱橫，予奪自在，則是明心見性的根本所在。再看公案本則，可明此義。

> 〔一〕舉：梁武帝問達摩大師：說這不唧溜漢。如何是聖諦第一義？是甚繫驢橛？摩云：廓然無聖！將謂多少奇特，箭過新羅，可煞明白。帝曰：對朕者誰？滿面慚愧，強惶惶，果然摸索不著。摩云：不識。咄，再來不值半文錢。帝不契，可惜許，卻較些子。達摩遂渡江至魏。這野狐精，不免一場吆囉，從西過東，從東過西……

〔註89〕

圓悟在「評唱」中詳細介紹了這段公案發生的具體背景，指出達摩「單傳心印，開示迷途，不立文字，直指人心，見性成佛」，而梁武帝迷信傳統的佛教義學，不能迴光返照，明悟本心，因此兩人無法溝通。根據佛教史傳，菩提達摩航海來華，先在金陵（今南京）受到了梁武帝的禮遇，梁武帝曰：「朕即位以來，造寺寫經，度僧不可勝記，有何功德？」達摩答道：「並無功德。」帝曰：「何以無功德？」達摩曰：「此但人天小果，有漏之因，如影隨形，雖有非實。」帝曰：「如何是真功德？」達摩答曰：「淨智妙圓，體自空寂，如是功德，不以世求。」〔註90〕在禪宗看來，佛學的根本在於啟迪人去體悟自己光明空寂的心性本體，一旦回歸本心，妙圓淨智立現，亙古亙今，永恆不

〔註88〕弘學、李清禾等整理：《圓悟克勤——碧巖錄・心要・語錄》，成都：巴蜀書社，2006年，第9頁。

〔註89〕同上註。

〔註90〕同上註。

滅，與世俗人天小果福德迥然不同。梁武帝迷信自己的做法，不能明悟，生活在對世俗福德的執著之中。達磨因話不投機，遂渡江北上嵩山，在少林寺開創禪宗。圓悟對達磨說的「廓然無聖」非常推崇，認爲「參得一句透，千句萬句一時透，自然坐得斷把得定」，只要能參透「廓然無聖」，就可以歸家穩坐，逍遙自在。再看重顯的頌文：

> 聖諦廓然，箭過新羅，咦。何當辨的，過也，有什麼難辨？對朕者誰，再來不值半文錢，又憑麼去也，還云不識。三個四個，中也，咄。因茲暗渡江，穿人鼻孔不得，卻被別人穿，蒼天蒼天，好不丈夫。豈免生荊棘。腳跟下已數丈深。……〔註91〕

圓悟對重顯的頌文又加以評唱：

> 且據雪竇頌此公案，一似善舞太阿劍相似，向虛空中盤礴，自然不犯鋒芒。……大凡頌古，只是繞路說禪；拈古大綱，據款結案而已。雪竇與他一拶，劈頭便說道：聖諦廓然，何當辨的？雪竇與它初句下，著這一句，不妨奇特。……若是了底人分上，不言而喻；若是未了底人，決定打作兩橛。諸方尋常皆道，雪竇重拈一遍。殊不知，四句頌盡公案了。後爲慈悲故，頌出事迹。因茲暗渡江，豈免生荊棘。達磨本來茲土，與人解黏去縛，抽釘拔楔，剗除荊棘，因何卻道生荊棘？非止當時，諸人即今腳跟下，已深數丈。……〔註92〕

圓悟在評唱中，稱讚雪竇是寫頌古的大行家，如舞劍高手，不犯鋒芒。「聖諦廓然」，佛性現成，光明無量，只可自悟，不可言說，說是一物即不中，所以說何必一定要辨析根本宗旨呢？圓悟強調，達磨來華，並非爲中國人傳經送寶，增益知識，而是來解黏去縛，抽釘拔楔的，使人掃除情見，見道忘言，明心見性，實現心靈自由。一旦妄想情見之荊棘被剗除，心中光明佛性自然朗現。從上述解釋可見，雪竇的頌古經過圓悟的評唱，表達的意思更加清楚明瞭。具體而言，既指明了雪竇頌古的本意，也詮釋了禪修要注意的問題。所以說，圓悟的評唱也是一種對「明心見性」修禪的指導，其中不乏禪機意蘊，這一點不容忽視。

〔註91〕弘學、李清禾等整理：《圓悟克勤──碧巖錄·心要·語錄》，成都：巴蜀書社，2006年，第10頁。

〔註92〕同上註。

圓悟的評唱將公案、頌古同經籍、歷史、典故結合起來詮釋，創造了「文字禪」的一種更為成熟的詮釋方式。因為公案文字簡約，隨機性強，時過境遷，後人很難契入。頌古雖然是對比公案的詮釋，但過於追求玄言妙語，繞路說禪，仍難以理解，而圓悟的評唱詳細明確，直截了當，將禪門宗旨詮釋明白，後人有章可循，故很受禪林的歡迎，產生了極大的影響。在《碧巖錄後序》中對圓悟有這樣的評價：「圓悟禪師，評唱雪竇和尚頌古一百則，剖決玄微，抉剔幽邃，顯列祖之機用，開後學之心源。」在《重刊圓悟禪師碧巖錄集疏》中也說：「雪竇頌古百則，圓悟重下注腳，單示叢林，永垂宗旨經也。」〔註93〕可見對圓悟《碧巖錄》評價之高。

（四）擊節

「擊節」之名，因圓悟克勤另一名著《擊節錄》而得，取「擊而中節」之意。圓悟克勤作《擊節錄》，對重顯的《拈古百則》加以評點，使之宗旨更為突出，開始了「文字禪」的又一種新的詮釋方式。在《重刻圓悟禪師擊節錄題辭》中對圓悟有這樣的評價：「圓悟禪師，電機波辨，色絲妙絕，可謂文武火爐鍛練學人矣。」「明覺禪師瀑泉集，見存乎大藏中，大古希音，和者鮮矣。圓悟禪師，擊節乎其間，教人不覺手舞足蹈。」〔註94〕

《擊節錄》的結構，先引公案，次述重顯的拈古，文中加有著語，邊引邊議，最後是克勤的擊節，正面闡述公案及拈古中所含禪理。相對評唱來說，比較簡短，所說道理也很直截了當，指點關要。

下面引《擊節錄》第五十五則「雪峰三下」，以示其特徵。

> 舉。僧問雪峰，聲聞人見性，如夜見月；菩薩人見性，如晝見日。未審和尚見性如何？（三段不同）峰打三下。（斬釘截鐵）其僧復問巖頭，頭打三掌。（同途不同轍）雪竇云：應病設藥，且打三下。（說得道理）若據令而行，合喫多少？（打云：只打一掌）。〔註95〕

此則公案中，聲聞、菩薩是佛教的小乘與大乘果位，各有不同層次。聲聞注重自己解脫，見性不徹底，所以如夜見月，不太清晰；菩薩利他至上，見性較徹底，所以如晝見日，比較清楚。這個僧人問雪峰禪師見性如何比喻？結

〔註93〕弘學、李清禾等整理：《圓悟克勤──碧巖錄·心要·語錄》，成都：巴蜀書社，2006年，第218頁。

〔註94〕《佛果擊節錄》卷下，《續藏經》第67冊，第226頁上。

〔註95〕同上註，第244頁上。

果雪峰禪師打他三下。該僧問岩頭禪師,又挨三掌。雪竇對這個公案拈古說:因爲應病與藥,所以才打三下,如果按照規矩來行動的話,現在應該打幾下?

圓悟的「擊節」如下:

> 圓悟師云:尋常聞人說無迷無悟,只是建立無中唱有,且喜勿交涉。據實見處,晝見日,夜見月,未必爲奇特。三下三掌,若喚作棒,有什麼交涉?爲什麼只打三下?雪竇道,據令而行,合打多少?放過一著。〔註96〕

圓悟的擊節,揭開了公案和拈古中的玄機。公案中僧人問了三種情況,被打三下,表示見性離言說,說似一物即不中,因爲見性並不是像日常生活中主體見客體一樣見到了某一個東西,而是超越二元對立的本性自己呈現出來。「棒喝」是禪宗祖師常用的引導方法,說見性已經是執著,所以挨打。通過圓悟的擊節,後人可以明瞭公案故事的宗旨,直透祖師胸臆,發明本心。再舉一例:

> 舉。永嘉大師到六祖,繞禪床三匝,振錫一下,卓然而立。(魚行水濁)。祖云:夫沙門具三千威儀,八萬細行,(大方之家,善收善放)大德從何方而來,生大我慢。(便不屈人)雪竇便喝。乃云:當時若下得這一喝,免得龍頭蛇尾。(賊過後張弓)又再舉繞禪床三匝,振錫一下,卓然而立。(鳥飛毛落)代六祖云:未到曹溪,與你三十棒了也。(也是無風起浪)〔註97〕

此則公案在禪門家喻戶曉,永嘉見六祖大師,繞禪床三匝,振錫一下,後與六祖有一段精彩的對話,被六祖印可。雪竇拈古,簡短直接,發人深省,但是不容易被一般人理解,因此圓悟禪師又進行大篇幅的擊節,進一步詮釋:

> 永嘉大師,本是講維摩經座主,因講維摩經自悟,說的話驚人。因六祖會中策禪師遊三吳,預座隨喜,見他講得,不同尋常座主見解,因講散,遂詰其心地,所發之言,並同諸祖。策曰:仁者悟心,師是誰耶?受誰印可?覺曰:我聽《方等維摩經論》,並無師承,於《維摩經》悟佛心宗,無人證據。策曰:仁者,威音王已前則得,威音王已後,無師自悟,盡是天然外道。覺曰:願仁者爲我印證。策曰:我今言輕,有第六祖師在曹溪,四方雲集,並是受法之人。

〔註96〕《佛果擊節錄》卷下,《續藏經》第 67 冊,第 244 頁上。
〔註97〕同上註,第 229 頁上。

覺率策同至曹溪印可。永嘉既至曹溪，六祖坐次，持錫繞繩床三匝，振錫一下，卓然而立。六祖云：夫沙門具三千威儀，八萬細行，大德從何方來，生大我慢。永嘉也好，便道生死事大，無常迅速。六祖本要拋個鉤釣永嘉，卻倒被永嘉釣將去。兩家只管打葛藤，一對一問，千古萬古悉皆如此。末後六祖道：如是如是。永嘉便行。祖云：少留一宿。故號為一宿覺，名玄覺，號真覺。雪竇拈古有大手腳，更不引問答。直引他初見六祖語。雪竇拈弄永嘉道：生死事大，無常迅速，且得沒交涉。雪竇教永嘉下喝，免見後人指注。且道明什麼邊事，這一喝似個什麼，似置一寶珠向面前，若是有錢人便買將去，當時屬你也。宗師家拈古有出眾處。卻再舉六祖道，等繞繩床三匝，振錫一下，卓然而立，好向他道：未到曹溪，已與你三十棒了也。雪竇前頭與永嘉出一隻眼，這裡與六祖出一隻眼，且道雪竇意作麼生？〔註98〕

圓悟禪師先介紹了永嘉禪師的背景，再評價「六祖本要拋個鉤釣永嘉，卻倒被永嘉釣將去。兩家只管打葛藤，一對一問，千古萬古悉皆如此」，指出兩人的對話含義深刻，但也只是「打葛藤」，千古萬古都要自識本心，自性自度，最後評價雪竇的拈古，指出「雪竇前頭與永嘉出一隻眼，這裡與六祖出一隻眼」，要學人去悟明白雪竇的意思。

總之，從圓悟擊節中，體現了他的禪學觀念：禪悟境界超越一切語言文字，不要尋言逐句，滯句迷源，而要把握當下，真修實證。他的擊節在拈古的前提上，更加詳細全面地闡釋，意義明白，但卻常蘊言外之旨，這樣即易讓人從字面上理解，又能打開學人悟性的空間。在語言風格上，注重直抒胸臆，文辭樸實，但語帶禪味，情趣盎然。

綜上所述，我們可以看到，圓悟禪師主要運用頌古、拈古、評唱和擊節等四種文字禪詮釋方式，其基本特徵是通過形象具體的語言直指禪的核心——光明本性，它們含有濃厚的禪機、禪意，凸顯開悟的意義。當然，圓悟的頌古、拈古、評唱、擊節，畢竟出自禪門，其中夾帶著不少機鋒，需要讀者根據自己的體會與參悟，並不完全等同於儒家經學和佛教義學的注疏，所以後人也不那麼容易看懂。

值得注意的是，《碧巖錄》和《擊節錄》的出現，將宋代佛教的「文字禪」

〔註98〕 《佛果擊節錄》卷下，《續藏經》第六十七冊，第229頁上。

推向了巔峰，受到了禪林的重視。特別是《碧嚴錄》，被視爲「禪門第一書」，成爲禪林入門必讀書。圓悟禪師開創評唱與擊節兩種「文字禪」詮釋方式的功勞在歷史上是不應該抹殺的，這種創新精神正是禪宗生命力旺盛的內在原因，也正是因爲有了一代又一代高僧大德的與時俱進，禪宗才在中國這片土地上發揚光大。

第三節 「文字禪」詮釋內容之分析

圓悟禪師少年博聞強記，儒家經典爛熟於心，出家後即得名師指導，攻讀內外典籍，諸宗融通，同時他工詩善文，因此能用各種文字形式及內容來詮釋禪悟之道，其語言如精金美玉，引人入勝，可謂是第一流的說法大師。博覽群書與參禪悟道之間的互補，文學才華與佛禪智慧之間的融合，是他「文字禪」詮釋內容的最大特點。他的評唱將公案、頌古同經籍、歷史、典故結合起來詮釋，在「文字禪」詮釋的歷史上達到了一個新的高度。縱觀他的「文字禪」詮釋內容，包羅萬象，非常豐富。

伽達默爾說，「傳承物始終是通過不斷更新的意義表現自己，這種意義就是對新問題的新回答，而新問題之所以產生，是因爲在歷史的過程中新的視域融合形成，而我們的解釋從屬於這一視域融合。」〔註99〕因此，文本本身並沒有什麼孤立不變的意義，它的意義只能在解釋中產生和被揭示出來。我們認爲，圓悟解釋公案頌古的目的並不是爲了解釋而解釋，而是爲了通過解釋，促使禪宗弟子開悟，換句話說，就是爲了讓解釋在當下活起來，在公案頌古文本和禪修者當下架起一座橋梁。圓悟在詮釋公案頌古時所使用的方法，以及由這些方法所建立的自己的思想，都是值得認眞分析的。可以看出，作爲一代禪學大師的圓悟克勤在接受與重構之間做了種種努力，他在詮釋公案、頌古及拈古時，在準確把握其思想脈絡的同時，還使得其內在精神在新的視域裏以解決新問題促使禪宗弟子解悟的方式獲得了重生。因此，站在現代詮釋學的立場，歷史上及現代社會中對圓悟「文字禪」的批評是大可不必的。對待圓悟禪師的「文字禪」，我們試圖從詮釋學的立場對其意義進行說明，力圖揭示圓悟以「文字禪」方式進行詮釋中所進行的重構與創新，以理清圓

〔註99〕〔德〕漢斯─格奧爾格·伽達默爾：《眞理與方法──哲學詮釋學的基本特點》，洪漢鼎譯，上海：譯文出版社，1999 年，第 219 頁。

悟的禪學思想，使我們能在繼承與發展中全面準確地把握圓悟的禪學思想，從而對大師的禪學體系力求給予全面客觀的定位。

一、藉教說禪

藉教說禪是指通過深入三藏、深研佛典，在佛經中尋求有價值的理論解釋禪學，其中「教」就是指義學各派奉持的佛教經典。〔註100〕藉教說禪的前提是教禪一致，唐代的宗密、宋代的契嵩皆提倡教禪一致。宗密說：「經是佛語，禪是佛意，諸佛心口，必不相違。諸主相承，根本是佛親付；菩薩造論，始末唯弘佛經，」〔註101〕教家以經典為依據，經典是佛語的記載；禪門主張「以心傳心」，「不立文字」，禪體現佛的心意。佛的言論和心意是一致的，決不互相違背，因而禪和教是一致的。

圓悟克勤在為公案及頌古作評唱時，亦大力說明經典之內容。從《碧巖錄》裏出現的佛教經典如《維摩經》、《圓覺經》、《楞嚴經》、《金剛經》、《華嚴經》、《涅槃經》、《梵網經》等看來，可說圓悟非常精通經教，並從禪的立場去安排運用經教之義理。其實圓悟精通教典在當時即已為人所知，如其曾與居士身份之朝廷高官張商英討論《華嚴經》要旨，在《碧巖錄》第二十三則及第八十九則裏亦敘及華嚴思想。其他主要如第八十四則關於《維摩經》中之入不二法門，第九十四則關於《楞嚴經》之見性，圓悟均有充分之說明。綜觀《碧巖錄》裏有關佛教經典之援用及解說，均以成就第一義諦光明自性為目標，與禪宗所強調的「向上一著」圓融無礙，在傳法上具有較強的說服力，對禪者自身之體證也可提供檢驗，不致落入外道異端。在圓悟克勤看來，經典與禪不一不二，經典是詮釋禪的手段，而禪是另一種佛經，是活潑潑的佛經。我們下面考察圓悟對教下經典的借用。

（一）借華嚴說禪

圓悟對華嚴思想非常熟悉，他善於借《華嚴經》、華嚴理論、四法界的思想、一多相攝觀等來詮釋禪。木村清孝認為圓悟論華嚴四法界，將理、事法界予以合一，可以將圓悟的禪看做為華嚴禪〔註102〕。圓悟在描述心性光明本

〔註100〕參見李小燕：《慧洪文字禪研究》，武漢大學碩士論文，第27頁。
〔註101〕宗密：《禪源諸詮集都序》卷一，《大正藏》第四十二冊，第345頁下。
〔註102〕〔日〕木村清孝：《圓悟克勤的禪和華嚴教理──宋代華嚴思想的一個側面》，《世界宗教研究》，1992年第2期，第28～33頁。

體及禪悟過程時，深深地浸透了華嚴色彩，同時他站在禪師的角度，也對華嚴有所取捨。他說：

> 僧問：「如何是理法界。」師云：「不動一絲毫。」進云：「如何是事法界」。師云：「縱橫十字。」進云：「如何是理事無礙法界。」師云：「銅頭鐵額鐵額銅頭。」進云：「如何是事事無礙法界。」師云：「重重無有盡，處處現真身。」師乃云：「言發非聲，高高峰頂立。色前不物，深深海底行。全機轉處沒承當，覿面呈時絕回互。離心意識非見聞覺知，須明徹法慧目離念明智，然後一塵才舉大地全收，一毛頭師子百億毛頭一時現。值得一為無量無量為一，小中現大大中現小。寬同法界細入鄰虛，無處不周無處不備。毗盧遮那大法性海中，不論聖不論凡，不論有情不論無情，一一把斷不漏絲毫。處處常光現前，一一壁立千仞。若說理法界、事法界、事理無礙法界、事事無礙法界，正是沒交涉。直饒棒頭取證，喝下承當。向空劫那畔識破根塵，威音已前洞然明白，尚未免在窠窟裏。只如出窠窟一句作麼生道？千峰勢到嶽邊止，萬派聲歸海上消。」〔註103〕

圓悟在這裡以禪師特有的語言表達了對四法界的看法，他並不是照搬無誤的介紹，而是經過自己理解後的華嚴教理。在圓悟看來，四法界可通達禪的世界，華嚴一多不二的圓融境界看作是禪悟之境。但他最後強調，只有真修實證，「直饒棒頭取證，喝下承當」，達到「千峰勢到嶽邊止，萬派聲歸海上消」的境界，才是出了「窠窟」，這體現了禪師的特有風範。

圓悟與無盡居士張商英談華嚴要旨時，就是借華嚴思想來詮釋禪，同時也以禪的精神論斷華嚴思想。試看兩人的對話：

> （圓悟）曰：「華嚴現量境界，理事全真。初無假法，所以即一而萬，了萬為一，一復一，萬復萬，浩然莫窮。心佛眾生，三無差別，卷舒自在，無礙圓融。此雖極則，終是無風匝匝之波。」公於是不覺促榻，圓悟遂問曰：「到此，與祖師西來意，為同為別？」公曰：「同矣。」圓悟曰：「且得沒交涉。」公色為之慍。圓悟曰：「不見雲門道：『山河大地無絲毫過患，猶是轉句，值得不見一色，始是半提，更須知有向上全提時節。』彼德山、臨濟豈非全提乎？」公

〔註103〕弘學、李清禾等整理：《圓悟克勤——碧嚴錄・心要・語錄》，成都：巴蜀書社，2006年，第441頁。

> 乃首肯。翼日，復舉事法界、理法界，至理事無礙法界。圓悟又問：
> 「此可說禪乎？」公曰：「正好說禪也。」圓悟笑曰：「不然。正是
> 法界量理在，蓋法界量未減。若到事事無礙法界，法界量減，始好
> 說禪。如何是佛？幹屎橛。如何是佛？麻三斤。是故真淨偈曰：『事
> 事無礙，如意自在。手把豬頭，口誦淨戒。趁出淫坊，未還酒債。
> 十字街頭，解開布袋。』」公曰：「美哉之論，豈易得聞乎！」〔註104〕

在圓悟克勤看來，理法界、事法界、理事無礙法界都未到達禪的境界，到事
事無礙法界始可說禪，這樣表明禪的境界是一法不立，如意自在的終極境界。
因此，華嚴宗的理論只是「順機應教」，而禪宗的特色是「不立文字」，圓悟
說：「若說理法界、事法界、事理無礙法界、事事無礙法界，正是沒交涉。直
饒棒頭取證、喝下承當」，〔註105〕從禪的終極觀點而言，不由四法界、摩尼寶
珠、六相義等理論來架構，這些都只是概念，都只是說明上的方便而已。他
說：

> 一塵含法界無邊，子細點檢，猶有空缺處在，百億毛頭師子，
> 百億毛頭師子一時現，著實論量，未是極則之談。若論本分事，大
> 人具大見，大智得大用。設使盡無邊香水海，越不可說不可說世界，
> 都盧是自己安居處，舉一念超越無邊剎海，猶未是衲僧行履處，不
> 犯鋒鋩、不拘得失、不落二見、不在中間，正當恁麼時如何？山中
> 九十日，雲外幾千年。〔註106〕

圓悟認為因陀羅網的法界觀，還不是終極之談，須達到「不犯鋒鋩、不拘得
失、不落二見、不在中間」的境界，才具有「山中九十日，雲外幾千年」的
意境。他在這裡強調當下直心而行，放下一切念頭，無一攝一切、一切攝一
的境界，連事與事圓融的念頭都要消泯掉。禪宗指導學人，悟明心性圓融無
礙之後，無法界之無量概念，因此一是一，一亦不是一，多是多，多亦不是
多，是一是多，不是一也不是多。真正的禪師必須直下承當，剔起便行。他
說：「如今人但將目前萬境，一時歇卻，更何必第八地已上，方乃如是？」〔註
107〕按華嚴宗的理論，到第八不動地菩薩，能以無功用智，於紅塵裏轉大法輪，

〔註104〕《羅湖野錄》卷上，佛光：《禪藏・林間錄外三部》，第361～362頁。
〔註105〕弘學、李清禾等整理：《圓悟克勤——碧巖錄・心要・語錄》，成都：巴蜀書
　　　　社，2006年，第489頁。
〔註106〕同上註，第490頁。
〔註107〕同上註，第500頁。

於一切時中，不拘得失，都無執著。然而，禪不須至第八地，只要歇卻眼前萬境，自然能於一切時中瀟灑自在。

綜上所述，圓悟克勤禪學思想中，很多與華嚴思想息息相通，他在《碧巖錄》、《圓悟錄》、《圓悟心要》中屢屢闡發四法界、六相圓融、一多相攝等華嚴思想。他與無盡居士張商英討論華嚴圓融要旨，成為禪宗史上的一則大事。不過，圓悟克勤禪師對「教」、「禪」的看法，仍是以禪為主。他雖然引用不少華嚴的理論，但其根本的思想，仍然是禪思想。他將華嚴判為「順機應教」的方便門，並全面借用華嚴思想非常具體詳細地詮釋出禪的實踐與超越的精神。〔註108〕

（二）借唯識說禪

唯識學是大乘佛學的三大體系之一，是繼大乘中觀學之後印度佛學的主流與核心。唯識學傳入中國以後，對中國佛學思想乃至中國傳統文化都產生了極大的影響。圓悟禪師除了精通華嚴理論外，對唯識思想也很熟悉，他用唯識的八識理論來詮釋禪，比較有說服力。試舉一例：

〔八十〕舉：僧問趙州：初生孩子，還具六識也無？（閃電之機，說什麼初生孩兒子）趙州云：急水上打毬子。（過也，俊鶻趁不及，也要驗過）僧復問投子：急水上打毬子，意旨如何？（也是作家同驗過，還會麼，過也）子云：念念不停流。（打葛藤漢）

此六識，教家立為正本。山河大地，日月星辰，因其所以生，來為先鋒，去為殿後。古人道：三界唯心，萬法唯識。若證佛地，以八識轉為四智，教家謂之改名不改體。根塵識是三，前塵元不會分別，勝義根能發生識，識能顯色分別，即是第六意識。第七識末那識，能去執持世間一切影事，令人煩惱，不得自由自在，皆是第七識。到第八識，亦謂之阿賴耶識，亦謂之含藏識，含藏一切善惡種子。〔註109〕

圓悟首先很詳細地解釋了第六意識、第七末那識、第八阿賴耶識的功能，認為公案中所說的六識是教家確立的正本，一切事物都因其所以呈現出來，從

〔註108〕 參見高毓婷：《圓悟克勤禪學思想》，《中華佛學研究第三期》，中華佛學研究所發行，1999年。

〔註109〕 弘學、李清禾等整理：《圓悟克勤——碧巖錄・心要・語錄》，成都：巴蜀書社，2006年，第173頁。

這個意義上來說，三界唯心，萬法唯識。從上面可以看出，圓悟對唯識理論是很熟悉的，接著他進一步發揮：

> 這僧知教意，故將來問趙州道：初生孩子，還具六識也無？初生孩兒，雖具六識，眼能見耳能聞，然未曾分別六塵，好惡長短，是非得失，他恁麼時總不知。學道之人要復如嬰孩，榮辱功名，逆情順境，都動他不得。眼見色與盲等，耳聞聲與聾等，如癡似兀，其心不動，如須彌山。這個是衲僧家真實得力處。古人道：衲被蒙頭萬事休，此時山僧都不會。若能如此，方有少分相應。雖然如此，爭奈一點也瞞他不得，山依舊是山，水依舊是水。無造作，無緣應，如日月運於太虛未嘗暫止，亦不道我有許多名相，如天普蓋，似地普擎，為無心故，所以長養萬物，亦不道我有許多功行，天地為無心故，所以長久。若有心則有限齊，得道之人亦復如是，於無功用中施功用，一切違情順境，皆以慈心攝受。〔註110〕

在這裡，圓悟從修禪的角度加以發揮，他認為學道之人應該像嬰孩一樣，對於榮辱功名，逆情順境，都不動心。在圓悟看來，「根塵識是三，前塵元不會分別，勝義根能發生識，識能顯色分別，即是第六意識。第七識末那識，能去執持世間一切影事，令人煩惱，不得自由自在」，所以要轉八識為四智，如嬰孩一樣，眼見色與盲等，耳聞聲與聾等，如癡似兀，對於逆順境界，其心不動，如須彌山，這樣就達到了較高的境界。接著他又用天地來作比喻，強調學道之人應該像天地一樣無心，於無功用中施展功用，以慈心攝受一切。但是圓悟認為還不能停留在這種境界，以為這是極致，還須「跳出窠窟」，百尺竿頭更進一步，他說：

> 到這裡，古人尚自呵責道：了了了時無可了，玄玄玄處直須呵。又道：事事通分物物明，達者聞之暗裏驚。又云：入聖超凡不作聲，臥龍長怖碧潭清。人生若得長如此，大地那能留一名。然雖恁麼，更須跳出窠窟始得。……十六觀行中，嬰兒行為最，哆哆啝啝時，喻學道之人離分別取捨心，故讚歎嬰兒，可況喻取之。若謂嬰兒是道，今時人錯會。……又楞伽經云：相生執礙，想生妄想，流注生則逐妄流轉，若到無功用地，猶在流注相中，須是出得第三流注生

〔註110〕弘學、李清禾等整理：《圓悟克勤——碧巖錄・心要・語錄》，成都：巴蜀書社，2006年，第174頁。

相，方始快活自在。……譬如楞嚴經云：如急流水，望爲恬靜。古
人云：譬如駛流水，水流無定止。各各不相知，諸法亦如是。趙州
答處，意渾類此。其僧又問投子：急水上打毬子，意旨如何？子云：
念念不停流。自然與他問處恰好。古人行履綿密，答得只似一個，
更不消計較，爾才問他，早知爾落處了也。孩子六識，雖然無功用，
爭奈念念不停，如密水流，投子恁麼答，可謂深辨來風。〔註111〕

在這段評唱中，圓悟克勤旁徵博引，運用了《楞伽經》、《楞嚴經》上的內容
以及古人的詩句，層層深入，將人的妄想流注問題說得很清楚。圓悟強調，
嬰兒哆哆啝啝時，比喻學道之人離分別取捨心，這只是一種比喻，如果認爲
嬰兒是道，這就是一種錯誤理解。所以說即使到無功用地，還在流注相中，
就像很急的水，看起來很靜，其實念念不停，須是出得第三流注生相，才能
眞正快活自在，這才是眞正達到了「禪」的境界。

（三）借用其它經典說禪

圓悟禪師對經典的熟悉程度非同尋常，在對禪的詮釋過程中信手拈來，
都恰到好處。在他的《碧巖錄》中，所引用的經論以《華嚴經》爲最多，前
面已考察，其次依次爲《法華經》、《楞嚴經》、《維摩經》、《金剛經》、《圓覺
經》、《涅槃經》、《梵網經》等。例如：

《法華經》云：「如一眼之龜，值浮木孔，無沒溺之患。」大善
知識接得一個如龍似虎的漢，教他向有佛世界互爲賓主，無佛世界
坐斷要津，接得個盲龜，堪作何用？〔註112〕

《楞嚴經》云：「吾不見時，何不見吾不見之處，若見不見，自
然非彼不見之相。若不見吾不見之地，自然非物，云何非汝？」雪
竇到此，引經文不盡，全引則可見，經云：「若見是物，則汝亦可見
吾之見。若同見者，名爲見吾。吾不見時，何不見吾不見之處。若
見不見，自然非彼不見之相。若不見吾不見之地，自然非物，云何
非汝？」辭多不錄。……古人云，到這裡，只可自知，與人說不得。
只如世尊道：「吾不見時，何不見吾不見之處。若見不見，自然非彼
不見之相。若不見吾不見之地，自然非物，云何非汝？」若道認見

〔註111〕弘學、李清禾等整理：《圓悟克勤——碧巖錄‧心要‧語錄》，成都：巴蜀書
社，2006年，第174頁。
〔註112〕同上註，第57頁。

爲有物，未能拂迹。吾不見時，如羚羊掛角，聲響蹤迹，氣息都絕，爾向什麼處摸索？」經意初縱破，後奪破。雪竇出教眼頌，亦不頌物，亦不頌見與不見，直只頌見佛也。〔註113〕

圓悟禪師在第一則直接引用《法華經》的話，解釋盲龜接木的典故，說明大善知識接引學人到生死大海彼岸的道理；在第二則中直接引用《楞嚴經》的話，並用很大的篇幅對之解釋。再看一例：

大解脫人不拘成佛不成佛，若道他修行務成佛道，轉沒交涉。譬如《圓覺經》云：「以輪迴心，生輪迴見，入於如來大寂滅海，終不能至。」……《維摩經》云：「爲眾生有病故，我亦有病。」懊惱則悲絕也。〔註114〕

這裡先後引用《圓覺經》、《維摩經》的話，說明「大解脫人不拘成佛不成佛」的觀點，接著他詳細解釋了《維摩經》的內容：

「臥疾毗耶離」，維摩示疾於毗耶離城也。唐時王玄策使西域過其居，遂以手板縱橫量其室得十笏，因名方丈。「全身太枯槁」，因以身疾，廣爲說法云：「是身無常無強無力無堅，速朽之法，不可信也。爲苦爲惱，眾病所集，乃至陰界入所共合成。」「七佛祖師來」，文殊是七佛祖師，承世尊旨往彼問疾。「一室且頻掃」，方丈內皆除去所有，唯留一榻等文殊至請問不二法門也。所以雪竇道：「請問不二門，當時便靠倒。」維摩口似匾擔，如今禪和子便道，無語是靠倒。且莫錯認定盤星。〔註115〕

圓悟禪師發揮他那超強的記憶力，非常詳細地解釋了維摩詰的故事，最後指出「維摩口似匾擔，如今禪和子便道，無語是靠倒，且莫錯認定盤星」，認爲當時的很多禪修者錯誤理解了維摩詰的說法。

另外，圓悟禪師還爲其他禪師說過的話找出經論出處。例如《碧巖錄》第四十四則中禾山禪師曾說過一句話：「習學謂之聞，絕學謂之鄰。」圓悟禪師解釋說：「此一則語，出《寶藏論》。」在《碧巖錄》第九十四則頌古中有「全象全牛翳不殊」這樣一句詩，圓悟解釋「全象」說：「眾盲摸象，各說異

〔註113〕弘學、李清禾等整理：《圓悟克勤──碧巖錄‧心要‧語錄》，成都：巴蜀書社，2006 年，第 201 頁。

〔註114〕同上註，第 182 頁。

〔註115〕同上註，第 183 頁。

端，出《涅槃經》」。有時候他不直接說出經論的名字，而是用「教中說」、「經中云」、「所以道」等來表示引用。如《碧巖錄》第八十六則「所以道，心花怒放，照十方刹」，這一句是引用《圓覺經》「普覺菩薩章」。

圓悟禪師還大量引用用歷代祖師語言及中國傳統經典說禪，足見其知識之淵博，試舉兩例：

> 永嘉云：「或是或非人不識，逆行順行天莫測。」若順行則趣佛果位中，若逆行則入眾生境界。壽禪師道：「直饒爾磨煉得到這田地，亦未可順汝意在，直待證無漏聖身，始可逆行順行。」所以雪竇道：「悲生空懊惱。」〔註116〕

> 全牛者出《莊子》。庖丁解牛，未嘗見其全牛，順理而解，遊刃自在，更不須下手，才舉目時，頭角蹄肉，一時自解了。如是十九年，其刃利如新發於硎，謂之全牛。雖然如此奇特，雪竇道，縱使得如此，全象全牛與眼中醫更不殊，「從來作者共名摸」，直是作家，也去裏頭摸索不著。自從迦葉，乃至西天此土祖師，天下老和尚，皆只是名摸。〔註117〕

圓悟禪師在第一則中引用了永嘉禪師與延壽禪師的話，來說明「逆行順行」的問題；在第二則中，解釋了中國傳統經典《莊子》中庖丁解牛的內涵。

綜上所述，圓悟大量運用教門經典及禪宗典籍，為詮釋公案服務。他是站在禪的立場來整合各種資料，其根本的思想，仍然是禪思想。

二、歷史考證

在圓悟的文字禪詮釋內容中，對禪僧及重要歷史人物的考證是一大特色。他對公案產生的歷史背景以及所用典故，一一評說明白，讓後人瞭解公案的來龍去脈，也為中國的禪宗史留下了寶貴的資料。

詮釋學大家伽達默爾認為：「文本的意義超越它的作者，這並不只是暫時的，而是永遠如此的。因此，理解就不只是一種複製行為，而始終是一種創造行為。」〔註118〕文本具有無限的開發性，不同的讀者具有不同的理解，就

〔註116〕弘學、李清禾等整理：《圓悟克勤——碧巖錄‧心要‧語錄》，成都：巴蜀書社，2006年，第182～183頁。

〔註117〕同上註，第201頁。

〔註118〕〔德〕漢斯─格奧爾格‧伽達默爾：《真理與方法——哲學詮釋學的基本特徵》，洪漢鼎譯，上海：譯文出版社，1999年，第380頁。

會產生不同的詮釋。所以說，理解是詮釋的基礎，而理解則是建立在文化背景上的。因此，誰想詮釋一個文本，誰就要好好理解這個文本，也就是說詮釋開始於對他意的把握，理解具有創新性。圓悟在解釋公案及頌古的過程中，對其背景及相關歷史人物作了大量解說，使公案頌古更加明晰化，便於學人理解。這種對文本的進一步展開正是詮釋工作的一項重要工作，可以說解釋是在明顯的意義裏解讀隱蔽的意義，在於開發隱含在文字意義中的深層意義。圓悟正是通過評唱的方法使自己的思想與文本的思想在自己的詮釋過程中同時體現出來，並且水乳交融般地結合在一起，從而形成更富有生氣更行之有效的作品。試看一例：

〔十一〕舉：黃檗示眾云：（打水礙盆，一口吞盡，天下衲僧跳不出）汝等諸人，盡是噇酒糟漢，恁麼行腳（道著，踏破草鞋，掀天搖地），何處有今日，（用今日作什麼，不妨驚群動眾）還知大唐國裏無禪師麼？（老僧不會，一口吞盡，也是雲居羅漢）時有僧出云：只如諸方匡徒領眾，又作麼生？（也好與一拶，臨機不得不恁麼）檗云：不道無禪，只是無師（值得分疏不下，瓦解冰消，龍頭蛇尾漢）。

黃檗身長七尺，額有圓珠，天性會禪。師昔遊天台，路逢一僧，與之談笑，如故相識，熟視之，目光射人，頗有異相。乃偕行，屬溪水暴漲，乃植杖捐笠而止。其僧率師同渡，師曰：請渡。彼即褰衣，躡波如履平地，回顧云：渡來渡來。師咄云：這自了漢，吾早知掜怪，當研汝脛。其僧歎曰：真大乘法器，言訖不見。初到百丈，丈問云：巍巍堂堂，從什麼處來？檗云：巍巍堂堂，從嶺中來。丈云：來為何事？檗云：不為別事。百丈深器之。……〔註119〕

在這例中，圓悟地對歷史人物黃檗禪師進行了非常詳細的考證，這樣對讀者理解整個公案故事的背景又很大幫助，由此可見圓悟的老婆心切，不盡力說清楚，唯恐宗旨不明，而令學人難入堂奧。再看一例：

〔十八〕舉：肅宗皇帝（本是代宗，此誤）問忠國師：百年後所須何物？（預掻待癢，果然起模畫樣，老老大大作這去就，不可指東作西）國師云：與老僧作個無縫塔（把不住）。帝曰：請師塔樣。

〔註119〕弘學、李清禾等整理：《圓悟克勤——碧巖錄‧心要‧語錄》，成都：巴蜀書社，2006年，第36頁。

（好與一箚）國師良久云：會麼？（停囚長智，值得指東劃西，將
南作北，值得口似匾簷）帝云：不會。（賴值不會，當時更與一拶，
教伊滿口含霜，卻較些子）國師云：吾有付法弟子耽源，卻諳此事，
請詔問之。……

　　肅宗代宗，皆玄宗之子孫，爲太子時，常愛參禪。爲國有巨盜，
玄宗遂幸蜀。唐本都長安，爲安祿山借據。後都洛陽，肅宗攝政。
是時忠國師在鄧州白崖山住庵，今香嚴道場是也，四十餘年不下山，
道行聞於帝里。上元二年敕中使，詔入內，待以師禮，甚敬重之。
嘗與帝演無上道，師退朝，帝自攀車而送之，朝臣皆有慍色，欲奏
其不便。國師具他心通，而先見聖奏曰：我在天帝釋前，見粟散天
子，如閃電光相似，帝愈加敬重。及代宗臨御，復延止光宅寺，十
有六載，隨機說法，至大曆十年，遷化。山南府青銼山和尚，昔與
國師同行，國師嘗奏帝令詔他，三詔不起，常罵國師耽名愛利，戀
著人間。國師於他父於三朝中爲國師，他家父子，一時參禪。據傳
燈錄所考，此乃是代宗設問。若是問國師如何是十身調御，此卻是
肅宗問也。國師緣終，將入涅槃，乃辭代宗。代宗問曰：國師百年
後，所須何物？……〔註120〕

圓悟先舉公案，然後對公案中的人物肅宗代宗進行介紹，對其故事進行了繪聲
繪色的描述，其中涉及到忠國師，他都做了說明，他還指出這則公案把人物搞
混了，肅宗皇帝本是代宗。這樣的考證讓學習者對公案背景更加清楚明白。

　　圓悟在評唱中，把公案和頌古中涉及到的典故與傳說比較詳細地介紹給
讀者，降低了讀者對公案和頌古理解的難度，這是他文字禪詮釋的一大特色。
例如《碧巖錄》第四則的雪竇頌古曰：「飛騎將軍入虜庭，再得完全能幾個。」
圓悟對這一句的用典進行了詳細的解釋：「只如德山似什麼，一似李廣天性善
射，天子封爲飛騎將軍，深入虜庭，被單于生獲。廣時傷病，置廣兩馬間，
絡而盛臥。廣遂詐死，睨其傍有一胡兒騎善馬，廣騰身上馬推墮胡兒，奪其
弓矢，鞭馬南馳，彎弓射退追騎，以故得脫。這漢有這般手段，死中得活。」
〔註121〕另外他對「兔子懷胎」、「蚌含明月」、「庖丁解牛」等典故也進行了詳

〔註120〕弘學、李清禾等整理：《圓悟克勤──碧巖錄‧心要‧語錄》，成都：巴蜀書
　　　　社，2006年，第51～52頁。
〔註121〕同上註，第176頁。

細的解釋。這種解釋不僅讓讀者能夠理解詩句的意思，也對領悟詩句中所含的禪理有很大的幫助。

圓悟在其文字禪代表作《碧巖錄》中，對禪宗典籍及其他文獻的引用大約占到此書的三分之一之多。另外他還詳細分析了禪宗五家各派之宗風、說教方式及禪師所常用的接人手段，其說法如數家珍，體現了其博古通今、善於詮釋的特色。這些內容十分龐大，不可能作窮盡性的列舉，所以本書舉出幾個例子，從而能夠窺一斑而見引文之全貌。對於圓悟的文字禪詮釋，自當時至今，很多人多有責難。從禪家來說，怪其舞文弄墨，違背禪宗不立文字的宗旨；學術界也多認爲大量引證失去了禪宗早期簡潔明快的風格。魏道儒先生認爲：「禪法思想的單一和文字考證的繁瑣，由此成爲《碧巖錄》的最顯著特點」〔註122〕，對其歷史考證有所貶抑。其實對於圓悟的歷史考證及所概括的禪宗各家宗風，如果從《碧巖錄》是一本對初學者教禪、學禪的類似於普及式讀物的角度來考慮的話，那麼其歷史考證及對各家不一的禪風進行歸納整合是非常有利於初學者對禪宗宗風的把握的，能夠促進社會知識分子對禪宗的理解，從而更好地傳播禪宗的理念與精神。正如麻天祥先生所說，「正因爲如此，宋代禪風才能彌漫整個社會，上達宮廷，下及窮巷。尤其是文人學士談禪說偈，理學家援禪入儒，不僅推促了文字禪的發展，而且更進一步使禪宗思想變成社會各階層茶餘飯後，街談巷議之資，以及思想家構建理學體系的資料和思維方式」，〔註123〕這種說法是很中肯的，因此我們應該對圓悟的貢獻予以肯定，對其良苦用心同情默應。

雖然中國的傳統文化典籍中沒有「詮釋學」一詞，但這並不等於說中國文化傳統中不包含豐富的詮釋學思想。在中國傳統文化中，也同樣有著類似於西方詮釋學的方法，如以訓詁學、文字學、音韻學、考據學爲基礎的詮釋學傳統。一方面它體現於中國傳統的對於經典的注、疏的解釋經學的傳統，另一方面也體現於將這一方法運用於諸子著作與文學作品的注箋的傳統中。如果說雪竇重顯的「頌」，相當於經學之「注」，則圓悟的《碧巖錄》則相當於經學之疏，既對經典文獻經注作出解釋，有訓詁、有注典、有公案前因後果的背景、因緣的介紹。圓悟「文字禪」在體例上，不僅創造了中國傳統經

〔註122〕魏道儒：《關於宋代文字禪的幾個問題》，《中國禪學》第一卷，中華書局，2002年版。

〔註123〕麻天祥：《中國禪宗思想發展史》，武漢大學出版社，2007年，89頁。

學詮釋學傳統中所沒有的一些方式，而且在其性質上體現出現代詮釋學的某些特徵。圓悟的創新精神是值得肯定的，其貢獻不容忽略。

三、引詩論禪

　　詩與禪原本分屬不同的意識形態。詩屬藝術，以感情爲中心；禪屬宗教，以悟道爲目標。然而二者的融合卻綻放出美麗的文化之花，中國歷史上出現了許多優秀之作。以詩歌偈頌詮釋禪在禪宗史上占十分重要的地位，可以說引詩論禪是禪宗的一個傳統，比如唐代慧能的悟法偈「菩提本無樹，明鏡亦非臺，佛性常清淨，何處有塵埃？」就是一首五言詩。到了宋代，佛教界發生了「語言學轉向」，文字禪興起，詩歌被禪僧們普遍運用。善昭、重顯、克勤等人的頌古評唱之作，主要就是由詩歌、偈頌組成。這些詩歌不僅很有文採，而且還出現了豔詩綺語，如圓悟克勤的悟法偈云：

　　　　金鴨消香錦繡帷，笙歌叢裏醉扶歸。少年一段風流事，只許佳
　　人獨自知。〔註124〕

詩中描寫那鋪設著錦繡帷帳的閨房裏，金鴨香爐裏的香氣已慢慢消散，主人公暢聽笙歌，恣意歡樂，盡醉而歸。主人公沉醉在愛情之中，盡情地體味了戀愛的歡樂。但這裡面的種種情事，種種滋味，卻不能也無法向外人言說，所以是「少年一段風流事，只許佳人獨自知」。就像禪門悟道，所悟的到底是什麼，很難用語言說出來。這首悟道詩用綺語豔句來隱喻開悟時的心靈境界，「金鴨」是指一種香爐，此處用香爐裏的香氣消散隱喻妄念消失，一片空靈，此時禪者如同處在美妙的「錦繡幃」中；而聽到的一切聲音都像是天籟之聲，陶醉在這種聲音之中，自己終於回歸到自己生命的源頭，就像世人在「笙歌叢裏醉扶歸」一樣，而此種空靈美妙的禪境只存在於自己心中，只可意會不可言傳。風流的氣質就是要具有衝破規範，不拘一格的灑脫和勇氣。追求風流，而不爲風流所迷，才稱得上眞正的禪門風流。這首詩非常形象生動，圓悟的師傅法演禪師一聽到這首詩，就知道他已經徹悟，立即認可。數百年後，明初高僧楚琦在爲日本淵默庵繪的「圓悟禪師像」還特意寫到這一悟的重要，「金鴨香銷錦繡幃，風流全在一聲雞。如今處處逢昭覺，野鳥山花不更迷。」〔註125〕

〔註124〕弘學、李清禾等整理：《圓悟克勤──碧巖錄・心要・語錄》，成都：巴蜀書
　　　　社，2006年，第8頁。
〔註125〕《楚石梵琦禪師語錄》卷14，《卍新纂續藏經》第71冊，頁624中。

　　在禪師看來，系統化的文字敘述，非但不能傳達「悟」的體驗，而且極易流於知性化，但是語言文字又是傳遞禪悟智慧所不能沒有的媒介。就在這矛盾之中，禪宗就發展出一套特殊的語言——禪的象徵式詩歌語言，不用觀念而用隱喻，用直觀而不用分析。整個北宋時期，不少禪師上堂說法都愛用詩歌，學者參學應對也使用詩歌。以詩證禪成了北宋席卷禪林的普遍現象，於是上堂說法有如賽詩會。禪家熱衷於以詩證禪，說明詩歌與禪有很多相通之處，詩歌有助於傳禪。詩歌與禪的相通性首先體現在都是生命主體的直覺體驗，詩歌表現當下的喜、怒、哀、樂等情感，禪是對自己生命本性的直覺體驗，二者在體驗上具有相通性。其次，詩歌的創作依靠的是直覺性思維，這種直覺思維表現出來就是形象性的，比如創作詩歌運用的語言是形象的，表達的意境也是形象的，詩歌就是要用它的形象性引發人們體悟當下的生命狀態。禪的頓悟也是直覺的，利用直覺性使學者超越相對，進入直覺的澄明狀態。最後，詩歌注重語言的對仗、押韻，藝術性強，能夠吸引讀者，使讀者在潛移默化中接受佛理。北宋初期契嵩禪師主張儒佛會通，他認為：「禪伯修文豈徒爾，誘引人心通佛理。」〔註126〕這裡揭示出禪僧作詩的目的是為了吸引大眾學禪，領悟佛理，淨化心靈。元代元好問也論述了詩與禪的關係：「詩為禪客添花錦，禪是詩家切玉刀。」這句話道盡了中國傳統文化中詩與禪密切相關的玄機，不管是以禪入詩，以詩入禪，還是以禪論詩，以禪喻詩，都潛蘊著詩禪相通、互為轉換、相得益彰的內在機制。參禪與學詩都在「妙悟」，詩與禪都是在「悟」上下工夫，一朝了悟，功到自然成。當然，以詩證禪，也體現了禪師們對語言文字本身價值的承認。圓悟反覆強調，「道本無言，因言顯道」，語言是將道呈顯出來的手段，沒有手段，目的很難達到，只有洞明語言的奧秘才能領悟無言之道。因此，詩中言與意的關係，也就是文與禪的關係，禪僧們以詩證禪就可以理解了。試看圓悟的兩首禪詩：

　　　　一句當機領，千差路絕攀。去來長若鑒，喧寂鎮如山。百草顛頭峻，孤雲世外閒。行行牢把著，宜闡上頭關。〔註127〕（《送智祖禪德》）

　　　　憒憒懂懂無巴無鼻，兀兀陶陶絕忌諱。任信流光動地邊，不論冬夏唯瞌睡。個中滋味佛不知，空咄蚌蛤與螺螄。放身不管臥水底，

<hr>

〔註126〕《鐔津文集》卷十七，《三高僧詩·韞之畫能清秀》。
〔註127〕弘學、李清禾等整理：《圓悟克勤——碧巖錄·心要·語錄》，成都：巴蜀書社，2006年，第550頁。

興發長挨布袋兒。鼻息如雷誰顧得，尋常少見有醒時。沒醒時良有
以，要明瞌睡中宗旨。從來一覺到天明，佛來不解攙身起。縱使舒
光遍大千，終難換我無憂底。校疏親，渾打失，瞌睡根靈莫窮詰。
有人契會便同參，睡著須知更綿密。〔註128〕（《和靈源瞌睡歌》）

第一首詩景中有情，情中有景，情景交融，同時又深蘊禪理。圓悟禪師將送
別之情及空靈之境通過形象的語言表達出來，引人入勝。在禪師的觀照下，
一切景物都是佛法。第二首詩生動怪異、別開生面，令人忍俊不禁，拍手稱
快，又深有啓發。這首詩通過描述一個人在床上陶然大睡，直睡得個天昏地
暗，肆無忌憚，來隱喻禪師心無牽掛，怡然自得的瀟灑狀態。在經歷了萬千
錘鍊後，禪師將清涼絕頂意境與熱惱紅塵打成一片，入世而出世，出世而入
世。正如圓悟所說，「灰頭土面處壁立千仞，壁立千仞處土面灰頭，自然雙放
雙收，到處爲祥爲瑞」〔註129〕，將佛法世法打成一片，隨緣不變，處鬧常寧。
「縱使舒光遍大千，終難換我無憂的」一句點明全詩的宗旨──「無憂」。一
個人能眞正達到「無憂」這樣的精神境界絕非尋常，因此哪怕以光遍三千大
千世界的神通，來換這個「無憂」，禪師們都不願意。對於了悟諸法空相的禪
師們而言，他們達到了「醒睡一如」的永恒覺悟狀態。這首詩，將深奧的佛
學道理用淺顯的語言表達出來，非常富有生活氣息與美學意蘊。圓悟禪師在
上堂說法時也善於用詩意的語言啓發學人，試舉三例：

上堂云：華開世界起，達者先知。葉落即驚秋，賢明早悟。而
況雁連湘浦影，蟲作促織吟。明明節換時移，歷歷星馳電急。正當
恁麼時，機關脫落底，萬法本閒。尚留見聞底，長安正鬧。若能善
觀時節，把斷要津，堂堂越聖超凡，一一騎聲蓋色。當處平和一句
作麼生道？志士惜日短，愁人知夜長。〔註130〕

上堂云：一二三四五六七，今朝此月當初一。昨宵大火還西流，
金風動地聲蕭瑟。聲蕭瑟，圓通門大啓，便請直截入，還委悉麼？
有念盡爲煩惱鎖，無心端是水晶宮。〔註131〕

〔註128〕弘學、李清禾等整理：《圓悟克勤──碧巖錄・心要・語錄》，成都：巴蜀書
　　　　社，2006年，第561頁。

〔註129〕《圓悟佛果禪師語錄》卷二，《大正藏》第47冊，頁722中。

〔註130〕弘學、李清禾等整理：《圓悟克勤──碧巖錄・心要・語錄》，成都：巴蜀書
　　　　社，2006年，第358～359頁。

〔註131〕同上註，第387頁。

升座云：蓋天蓋地觸處逢渠，亘古亙今全彰正體。法無異相不落生滅，時無異緣不涉春秋。所以道，處生死流，驪珠獨耀於滄海。踞涅槃岸，桂輪孤朗於碧天。如是則人人腳跟下，輝騰今古，迥絕見知。六處惹絆不住，三界收攝不得。唯當陽直截承當，便見透脫分曉。正當恁麼時如何？天上有星皆拱北，人間無水不朝東。〔註132〕

從上面三段內容可以看出，圓悟說法時善於運用排比、對偶句式，其語言如精金美玉，非常富有文學色彩。在宋代，僧人的日常問答，參禪的語言，不斷地雅化、詩化。可見，參禪與參詩，禪悟過程與詩悟過程具有相通性，而禪者與詩人融爲一體，詩歌成爲了禪師的「添花錦」。

圓悟的文化功底非常深厚，又博覽群書，因此對前人的名言佳句非常熟悉，在開示學人的時候信手拈來，恰到好處，例如：

若善參詳，可以丹霄獨步，自在縱橫。大眾，還知落處麼？若也未知，爲諸人拈出。白雲盡處是青山，行人更在青山外。〔註133〕

在這裡，圓悟所拈詩句化用了北宋初期文壇領袖歐陽修的著名詞作《踏莎行》結句「平蕪盡處是春山，行人更在春山外」，將一首閨怨主題的作品化用來詮釋禪悟之理，形象生動，耐人尋味。

作爲通達世間法與出世法的禪師來說，圓悟克勤的文字禪爲禪宗歷史寫下了光輝的一頁。著名哲學家卡西爾曾說：「把哲學詩化，把詩哲學化——這就是一切浪漫主義思想家的最高目標。」〔註134〕禪師們利用詩歌偈頌把超越語言、超越自我的空靈之「禪」呈現出來，正是禪學詩化的表現，而宋代禪詩的普遍性也反映了宋代禪宗的「語言學轉向」，爲後世留下了一筆寶貴的精神財富。從某種意義上說，「文字禪」是佛教中國化、世俗化、儒學化和文學化的必然歸宿，對於宗教學、哲學、文獻學、語言學和文學研究都有重要意義。可以想像，如果沒有圓悟等宋代禪僧和居士們對「文字」的肯定和理解，中國禪宗研究將不可避免地留下巨大的空白，因爲現存的禪宗典籍，十之八九都是宋代「文字禪」興起之後的產物。

〔註132〕弘學、李清禾等整理：《圓悟克勤——碧巖錄·心要·語錄》，成都：巴蜀書社，2006年，，第397頁。

〔註133〕同上註，第428頁。

〔註134〕卡西爾：《人論》，甘陽譯，上海譯文出版社，1997年版，第198頁。

第六章　圓悟禪學思想的歷史影響

第一節　圓悟禪學與大慧「看話禪」和宏智「默照禪」

　　在圓悟禪師之後，北、南宋之交，曹洞宗人天童正覺提倡「默照禪」，臨濟楊岐宗人大慧宗杲對其末流加以反對，並宣揚自己的「看話禪」，而這兩人都深受圓悟禪學的影響。我們下面考察他們之間的關係。

一、圓悟禪學與大慧宗杲「看話禪」

　　圓悟克勤的弟子大慧宗杲（1089～1163）是禪宗史上一個非常重要、影響深遠的人物。他提倡的看話禪成爲了宋元以後的中國禪宗的基本禪法，而此禪法是大慧宗杲在繼承圓悟公案禪思想的基礎上提出來的。

　　在宗杲的參學過程中，圓悟克勤對於宗杲的影響最大。圓悟禪師本人和宗杲一樣都有過對禪修一知半解的參禪經歷，作爲過來人，他對宗杲嚴格要求，耐心教誨。他曾把自己的參禪經歷說出來：

　　　　老僧往日爲熱病所苦，死卻一日，觀前路黑漫漫地，都不知何往，獲再蘇醒，遂驚駭生死事，便乃發心行腳，訪尋有道知識，體究此事。初到大潙參眞如和尚，終日面壁默坐，將古人公案翻覆看，及一年許，忽有個省處。然只是認得個昭昭靈靈、驢前馬後，只向四大身中作個動用，若被人拶著，一似無見處，只爲解脫坑埋卻，禪道滿肚，於佛法上看即有，於世法上看即無。……一日，忽有官員問道次，先師云：「官人！爾不見小豔詩道『頻呼小玉元無事，只

要檀郎認得聲。』」官人卻未曉，老僧聽得，忽然打破漆桶，向腳跟
下親見得了，元不由別人。方信乾坤之內、宇宙之間，中有一寶，
秘在形山，已至諸佛出世、祖師西來，只教人明此一件事。若也未
知，只管作知作解，瞪眉努目，元不知只是捏目生花、擔枷過狀，
何曾得自在安樂如紅爐上一點雪去。〔註1〕

圓悟禪師的參禪經歷比較曲折，在開悟之前也曾通過看古人公案而有個省
處，但是卻只認得昭昭靈靈，只是停留在知解的層次上，無法啟用，直到經
過五祖法演的反覆錘鍊，因緣具足時才真正省悟。因此，他強調修要真修，
悟要真悟，他說：

五祖和尚常云：「諸方參得底禪，如琉璃瓶子相似，愛護不捨，
第一莫教老僧見，將鐵錘一擊爾底碎定也。」山僧初見他如此說，
便盡心參他。他常問：「『有句無句，如藤倚樹』，作麼生會？」山僧
便喝，或下語，總不契。他云：「須是情識盡淨、計較都忘處會。」
山僧明日便於無計較處胡道亂道，轉沒交涉，後來徹悟，實見實用，
如明鏡當臺、明珠在掌，得大自在。〔註2〕

圓悟禪師繼承五祖法演的思想，結合自己的經歷，認為參禪要情盡識消，計
較全無，不要參琉璃瓶子禪，捨不得放下知見。宗杲受到啟發，最後也是參
「有句無句，如藤倚樹」話頭而開悟的。可見，祖孫三代的思想及實踐一脈
相承，從法演教導圓悟，到圓悟教導宗杲，都是強調參禪須是向「情識盡淨、
計較都忘處」參，而要真正達到「情識盡淨、計較都忘」的境界，需要下一
番苦工夫，不是在字面上理解「情識盡淨、計較都忘」的意思就可以了，圓
悟本人是有這個經驗、教訓的。所以他後來對宗杲的教誨，也遵循法演的教
導和自己的經驗、教訓。他不斷否定宗杲的思量、計較，不輕易許可、印證
他。這種超越情識計較，放下分別意識，持之以恆地參才是真正的參活句。
圓悟要宗杲參活句，不要迷戀語言，死於言句之下。圓悟針對當時學人喜歡
從理性知解的角度去理解公案的意義的問題，強調看公案不能用理性思考，
而應集中精神，在公案的幫助下發明心地，領悟自性。他在《圓悟心要》卷
下《示印禪人》中說：「若以語言詮注語言。只益多知，無緣入得此個法門解

〔註1〕弘學、李清禾等整理：《圓悟克勤——碧巖錄・心要・語錄》，成都：巴蜀書
　　　　社，2006 年，第 456 頁。
〔註2〕同上註，第 578 頁。

脫境界。諦信諦信，以悟爲則，勿嫌遲晚。」〔註3〕對圓悟來說，公案的具體內容並不重要，重要的是「心性」之理。如果悟透了「心性」，公案也應該拋棄。圓悟很推崇老師五祖法演的孤峻禪風，他說：

> 五祖老師平生孤峻，少許可人，乾曝曝地壁立，只靠此一著。常自云如倚一座須彌山，豈可落虛弄滑頭謾人，把個沒滋味鐵酸餡劈頭拈似學者令咬嚼，待渠桶底子脫，喪卻如許惡知惡見，胸次不掛絲毫，透得淨盡，始可下手鍛鍊，方禁得拳踢。然後示以金剛王寶劍，度其果能踐履負荷，淨然無一事，山是山，水是水，更應轉向那邊千聖羅籠不住處，便證乃祖以來所證傳持正法眼藏，及至應用爲物，仍當驅耕夫牛奪饑人食，證驗得十成無滲漏，即是本家道流也。〔註4〕

在圓悟看來，法演禪師要求非常嚴格，參禪須「把個沒滋味鐵酸餡劈頭拈似學者令咬嚼」，直到切斷學人的「惡知惡見」，最終心頭絲毫不掛，淨盡開悟。這種方法正是看話頭的方法，只是法演禪師還沒有系統、一貫地提倡此種方法。然而這表明在禪宗的發展歷程中，隨著學人對公案的重視，其弊病也越來越明顯。參學者一般是是以思維分別心去鑽研古人的公案，忘記了與古人一樣的眞參實修，所以經往往只能得一知半解，不是眞正的省悟，不能眞正達到與古人同樣的開悟境界。爲了解決這些問題，經驗豐富的禪宗大師們都在尋找、醞釀一種能讓學人不落於知解的參禪方法，這種傾向在臨濟宗楊岐派禪師法演、圓悟、宗杲等師徒中表現得尤爲明顯。

宗杲在繼承法演、圓悟思想的基礎上提出了「看話禪」方法，指導學人在日用生活中悟道。這種方法後來成爲臨濟宗及整個禪宗重要的修習方法。所謂「看話禪」，即通過參究公案中的「活句」來求得開悟。宗杲將公案的文字分成「活句」和「死句」，他認爲那些意義明確的文字容易讓人邏輯思考，無法制心一處，即爲「死句」，而禪師對答過程中那些模棱兩可，意蘊不明的文句讓人無法思考，則是「活句」，正是學人當用功處。宗杲所參的話頭並不是公案全部，在《大慧語錄》中，他常參的話頭主要是六七個，如「庭前柏樹子」、「乾屎橛」、「狗子無佛性」、「一口吸盡西江水」、「東山水上行」等等。

〔註3〕弘學、李清禾等整理：《圓悟克勤——碧巖錄·心要·語錄》，成都：巴蜀書社，2006年，第309頁。
〔註4〕同上註，第566頁。

宗杲叫弟子在此無理處參究，不能作理性化的解釋，「不用注解」，「不得作道理會」〔註5〕。宗杲教人反覆參一句無意義的話，就是使人大發疑情，力求透脫而開悟。如此反覆參究，才能將世間一切妄念排除，將任何概念剝落，返觀自心，頓見眞如本體。這些思想與圓悟克勤的公案禪有相通之處。

迄於宋代，文字禪盛行，經典卷帙浩繁，禪門的《語錄》、《燈錄》汗牛充棟，令人望而生畏。宗杲從眾多公案中選出一些比較有代表性的語句教人參究，在一句話頭上悟透，即是對全部公案的豁然貫通。這對於廣大僧侶及居士來說，開了一扇方便之門。同時宗杲又強調，「參話頭」無須固定形式，無須逃避社會日用人倫。因而參禪不妨礙任何人，參禪的人仍然可以忠君孝親，維護綱常，操持生計，既不脫離現世生活的責任與義務，又可以獲得一種「隨緣放曠，任性逍遙」〔註6〕的心靈境界，這正是人們在精神上的所追求的完美狀態。所以，宗杲提倡的「參話頭」方法，在其身後廣泛流行。

綜上所述，我們可以看出，宗杲是在繼承圓悟公案禪思想的基礎上提出「看話頭」禪法的，他作了比較系統的總結和改進，強調在看話頭的過程中克服知解分別，以達到眞參實悟的目的。宗杲深得圓悟禪學思想眞旨，創造性加以革新和發展，對於禪學普及化和士大夫禪學起了很大的推動作用。所以說，「宗杲系統地提倡看話頭的思想至少是繼承了法演、圓悟的禪法傾向，不是宗杲個人突如其來地提出的」。〔註7〕宗杲的禪法思想是在法演、圓悟禪法思想的培養、薰陶下而得到成熟和確立的，體現了禪宗發展的連續性。

二、圓悟禪學與宏智「默照禪」

默照禪的創導者宏智正覺（1092～1157），俗姓李，出生於今天中國的山西省，自幼便有奇才，七歲便能日誦數千言，精通五經。他是慧能下十四世，曹洞宗著名高僧，先後謁枯木法成、丹霞子淳。南宋初，正覺創導默照禪，吸引了大批衲子士人，法席隆盛。默照禪就是守默與般若觀照相結合的禪法，是基本上以打坐為主的修習方式。宏智禪師三十六歲時首先擔任太平興國寺的住持，後來也在其它三座寺院擔任住持。但三年後，也就是一一二八年，宏智禪師辭掉所有職務，前往雲居山在著名的臨濟宗圓悟克勤禪師座下學

〔註5〕 呂有祥、吳隆升校：《大慧書》，鄭州：中州古籍出版社，2008年，第45頁。
〔註6〕 同上註，第68頁。
〔註7〕 伍先林：《略論宗杲的思想發展歷程》，《佛學研究》，2008年。

習，深得其贊許。一年後，宏智禪師成為天童山景德寺的住持，在那裡度過一生的最後三十年。所以說宏智禪師的思想是受到圓悟的影響的，下面我們考察他們之間的聯繫。

正覺出家後投入曹洞門下，繼承了曹洞注重坐禪的家風，史載，正覺「自幼得戒，坐必跏趺，食不過午」〔註8〕。經多年的修煉與體會，正覺將提出「默照禪」。正覺認為：心是諸佛正覺，只因疑礙昏翳，自作障隔，所以無明。如能靜坐默究，淨治揩磨，去掉妄緣，妙明真心自然圓明。他作《默照銘》和《坐禪箴》闡述自己的立場，將靜坐守寂看成證悟的重要方法。正覺指出：「默照禪」分為「默」與「照」兩層功夫。所謂「默」者，也就是傳統佛教的「禪定」功夫，他用禪宗東土初祖達摩「面壁靜坐」之功來形容「默」，「廖廖冷坐少林，默默全提正令」〔註9〕。「默默明明似面牆。」〔註10〕在這種「默」的工夫中，要做到「默默忘言，昭昭現前」，「默默功夫，心田自鋤」〔註11〕。也就是說：通過無言靜坐，「休歇」心靈，放下萬緣，消除思維活動，進入一種離言絕象、萬法皆空的禪悟境界。「緘默之妙，本光自照」〔註12〕，寂靜之後方能生「照」。所謂的「照」，即是般若智慧的照觀，這種「照」不是對大千世界的觀察，而是自我、本心的「自照」。因而這種從「默」中生起之「照」沒有固定的對象。自照之時，物我俱亡，照體獨立。心靈發出的光照見了自己本身。在具體的修證上，正覺認為只有立即休歇馳心，「有也莫將來，無也莫將去，現在更有甚麼事？如人負籝，兩頭俱脫，和擔颺卻始得，便是自由底人。若不颺卻，他時異日，只成個負籝漢子去。」〔註13〕這些思想與圓悟的禪學思想也是相通的，他在《心要‧示胡尚書悟性勸善文》中強調：

> 多見學佛之儔，唯以世智辯聰，於佛祖言教中遠掠奇妙語句，以資談柄，逞能逞解，此非正見也，應當棄捨。冥心靜坐，忘緣體究，逗到徹底玲瓏，於自家無價無盡寶藏中運出，何有不真實者哉。
> 〔註14〕

〔註8〕　《宏智正覺禪師塔銘》，《大正藏》第四十八冊，第18頁。

〔註9〕　《宏智正覺禪師廣錄》卷二，《大正藏》第四十八冊，第65頁。

〔註10〕　《宏智正覺禪師廣錄》卷八，《大正藏》第四十八冊，第78頁。

〔註11〕　《宏智正覺禪師廣錄》卷九，《大正藏》第四十八冊，第66頁。

〔註12〕　同上註，第67頁。

〔註13〕　參見《宏智禪師廣錄》卷五，《大正藏》第四十八冊，第71頁中。

〔註14〕　弘學、李清禾等整理：《圓悟克勤——碧巖錄‧心要‧語錄》，成都：巴蜀書社，2006年，第389頁。

在這裡，圓悟認為學禪者應當放下那種誇誇其談的傾向，安心靜坐，放下萬緣，反覆體究，最終進入玲瓏光明之境，頓悟自家無盡寶藏，這才是眞實之道。「忘緣體究」是一種中道方法，它強調對世界萬物獲得一種如是如實的切中實際的體驗。在這種狀態裏，人體悟了整體的變化，體悟了沒有對立，一切都恰到好處，「徹底玲瓏」，只是慶祝，只是享受，自我消失了，空隨之而來，心性光明呈現。由此可見，對於初入門者，尤其是士大夫，圓悟提倡通過冥心靜坐來體究心性光明本體。因為只有通過靜坐，提升定力，才能對禪有所領會，他說：

> 今作息念澄慮工夫，乃是入道門徑。但辨此心，當有深證爾。
> 古德道：若不安禪息定，到這裡總須茫然去。逗至透得到徹頭處，玄亦不立，佛祖亦不立，乃向上大機大用，其中人行履處，又且更須知有始得。〔註15〕

可見圓悟非常強調通過靜坐澄心息念，並認為這是入道門徑，只有持之以恒地淨化心靈，才會有深證，最終徹悟。禪宗體悟的終極對象——光明自性具有互相融攝、不可分割的屬性，是人心靈達到和諧一體的自由境界時，孤明心體朗照當下所呈現出來的本眞的存在狀態。這種本眞的存在狀態是一種主客體當下交感的情境，所以說光明自性不是個東西，不能對象化，只能體驗。他說：

> 若確然專一，下些悠久工夫，定須有所契證。如佛所謂：若見諸相非相，即見如來。此直諸相當體，了不可得，全是自心及為非相。是於如如而來，如如而去，無二無別，脫體全眞，契妙明眞心，本來清淨，只自己本來面目也。固非使人撥諸相為非相，向外馳求也。〔註16〕

圓悟認為，修行辦道的門徑在於持續作息念澄慮的工夫，讓心安靜下來，將精神聚焦在意念之間的空無之境，便會悟道。因為越專心觀察體究，妄念會越少，當觀察體究完整全面時，妄念就會消失，了不可得，頓時悟到妙明眞心。這種體究方式是超越語言符號的，這時人不是一個價值判斷者，而是一個能所合一的整體，此時沒有一個孤立不變的思想者。禪修並不是「使人撥

〔註15〕弘學、李清禾等整理：《圓悟克勤——碧巖錄・心要・語錄》，成都：巴蜀書社，2006年，第531頁。
〔註16〕同上註，第498頁。

諸相爲非相，向外馳求也」，因爲眞正的實相就在當下，就在此時此地，沒有前前後後的顧慮，從一個片刻流入下一個片刻，一直融入存在的海洋，這就是如來，「如如而來，如如而去，無二無別」，這是一種存在方式，意味著沒有二元對立，沒有時間的期待。如來之空，就是存在本身，完全融通一切。於是頭腦就進入了一種無上的冷靜狀態，不是人爲的冷靜，而是一種自然無爲的冷靜。一旦大腦眞的變得清涼寧靜了，對於任何感受都可以即刻應對，做事說話順其自然，毫無造作。

　　這些思想在正覺那裡也得到了繼承。在正覺看來，「眞實做處，唯靜坐默究，深有所詣」，只有如此，才能「外不被因緣流轉，其心虛則容，其照妙則準；內無攀緣之思，廓然獨存而不昏，靈然絕待而自得」〔註17〕。因此，正覺非常主張坐禪參究，他認爲「靜坐默究」可以「默遊內觀，徹見法源」，從而達到「無芥蒂纖毫作障礙」的境地。因此可見，正覺在強調「坐禪」、「默照」時，並非只是注重形式，更重要的是開悟。也就是說「默坐固然是重要的，但它也如語言文字、參話頭一樣，只是指而非月。」〔註18〕

　　正覺也要求他的弟子能夠做到「一念相應，前後際斷，照體獨立，物我俱亡」，從而使他們與所開顯的禪法打成一片。只要達到了這樣的境地，學人便會「說聽同時，能所俱絕，曾無如外智慧證於如，亦無智外如爲智所證，然後觸目絕對待，萬法無不在」〔註19〕。可見，正覺在突出曹洞宗旨的前提下，而對於禪法的修證則主張蠲棄一切執著，當下解脫，這自然是與禪門頓旨相契的。

　　對於當時叢林中並弘的臨濟、雲門等宗派，正覺也能採用圓融的態度來對待。他在上堂中曾這樣去提問過學人：「雲門優穩身心，自解隨波逐浪；臨濟變通手段，它能影草探竿。且道天童門下合作麼生？開池不待月，池成月自來。」〔註20〕在這裡，正覺不但沒有否定雲門宗「隨波逐浪」與臨濟宗「探竿影草」的殊勝之處，但他的「池成月自來」一語又足以體現自宗左右逢源、直趨禪法了義特性。

　　在佛教內部，由於默照禪一方面拋棄了傳統禪學的繁瑣形式，只以靜坐

〔註17〕參見《宏智禪師廣錄》卷六，《大正藏》第四十八冊，第73頁下。
〔註18〕麻天祥：《中國禪宗思想發展史》，長沙：湖南教育出版社，1997年，第38頁。
〔註19〕參見《宏智禪師廣錄》第五卷，《大正藏》第四十八卷，第71頁下。
〔註20〕同上註，第37頁下。

爲主，方便易行；另一方面臨濟宗所強調的時時處處體驗禪境，隨機開悟，使初學者不易摸索，故默照禪受到普遍歡迎，從者甚眾，使曹洞宗門「中興」。在社會上，默照禪又與宋代理學家所主張的「主靜」功夫相冥合，迎合了在當時激烈的民族矛盾和階級矛盾的漩渦中，士大夫階層「喜靜厭鬧」之心，所以社會影響也很大。正覺的「默照禪」在一定意義上說，是對佛教傳統的「禪定」方法的回歸。「禪定」是佛教戒、定、慧三學之一，在宗教修習過程中具有十分重要的意義。

雖然沒有很多資料直接顯示圓悟禪學對正覺的影響，但是我們從兩人的交往及說法中的相似部分，明顯可以看出圓悟對正覺的影響。如圓悟對冥心靜坐、忘緣體究的重視，把文字當作禪悟的方便等，這些在正覺的默照禪思想中也可以找到。

綜上所述，我們認爲，圓悟作爲北宋禪學的集大成者，他的禪學思想對宗杲與正覺的影響是不容忽略的。宗杲與正覺從各自立場出發，對文字禪末流大加鞭撻，一方面是爲了反對文字禪的末流朝著文字解悟的方向發展；另一方面也是爲了突出自己的禪法，解決時代的精神問題。

我們不確定大慧禪師和宏智禪師在雲居山隨圓悟禪師學習時有沒有見過面，但可以確定的是，他們在生命晚期結爲好友。大慧禪師以嚴厲批評沉寂的靜坐聞名，他甚至把那種打坐斥爲「默照邪禪」。因此，今天的學者通常把這個批評當成是對宏智禪師教法的回應。然而，深入檢視就會發現當時有很多自稱禪師的人教導沉寂的邪禪，因此大慧對默照禪的批判是有針對性的，其對象是沈空守寂的默照禪末流，而非默照禪本身，更不是宏智禪師。作爲站在精神頂峰的兩位大師，宏智和大慧的友誼是無容置疑的。

第二節　圓悟禪學對後世「文字禪」的影響

圓悟禪師是禪宗史上傑出的代表人物，他爲禪宗寫下了波瀾壯闊的一頁。他的《碧巖錄》從根本上把文字禪推上了頂峰，對禪宗歷史地位的確立有著深遠的影響。

一、對國內「文字禪」的影響

圓悟禪師的文字禪代表作《碧巖錄》把公案、頌文和佛教經論結合起來，

從禪宗基本理論出發，對疑義叢生的公案一一解釋，並加以引申發揮，形式活潑，開導啓發性強，融詩、偈、頌、評於一爐，一唱三歎，深入淺出，易爲人們所接受，該書不脛而走，爲叢林推崇傳誦。禪僧們都把它視爲最主要經典，人手一冊，朝暮誦習，以至出現了《碧巖錄》熱。《碧巖錄》後來成爲「叢林學道詮要」，不少著名的作品，都模仿此書，如元代從倫的《空谷集》，是對投子義青《頌古百則》的評唱；萬松行秀的《從容庵錄》，則是對天童正覺《頌古百則》的評唱；等等。很長一段時間裏，它被視爲最重要的禪宗經典，幾至人手一冊，朝夕誦讀。

有人指責《碧巖錄》的傳播導致了禪僧自力解脫精神的消退，其實這種看法是有失偏頗的，禪門冷落，其原因是多方面的，比如外在政治與文化情勢的巨變、出家求道僧徒的意志及能力，而這些才是宋代以後禪宗衰落的主要原因。從另外一個角度看，文字禪使禪文化更好地向社會各階層傳播，爲廣大士大夫及民眾所接受和參與，從而陶冶了他們的審美觀念，提升了他們的精神境界，同時禪宗自身得到了很好發展。禪宗是集儒、釋道文化精髓的中國佛教重要宗派，它對中國的文化藝術、哲學思想發展都有重大影響。歷史上著名的文化人都與禪宗有著深的淵源關係，如唐時的王維、宋時的著名文學家蘇軾、王安石、黃庭堅、陸游等。

《碧巖錄》具有兩大特點：一是內容豐富，涵蓋面廣。它以雪竇的《頌古百則》爲底本，內容原本洋洋可觀，加之圓悟在闡釋評點時，錦上添花，將自己的學問、思想、人品、智慧融會其中，倍增其豐，可謂是集禪學、哲學、文學、史學、美學、倫理學、道德學之大，具有重要的價值。二是形式活潑，開導啓發性強，深入淺出，易爲人們所喜歡。

另外，在今天看來，《碧巖錄》的價值也是多方面的。比如在文學方面，它文字優美，詩意盎然，內容生動，有「錦言繡語」之稱。在語言學方面，它保存了北宋時期大量的方言俚語，對我們瞭解宋代以至唐五代的語言現象，具有極重要的價值。文獻學方面，它廣徵博引，爲我們保存了大量的典故、成語、故事熟語，對禪宗文獻整理及文學創造研究有重要價值。

《碧巖錄》是宋代文字禪成熟發展的成果，體現了僧人的文人化、禪的詩化以及禪的思想向世俗文化形態的全面滲透的傾向，促進了禪僧與文人士夫的日益親近，引領了一種具有時代性的文化潮流。可以說，《碧巖錄》應其時代的文化思潮而誕生，並且在宗教與世俗文化的全面交融中發揮了重要作

用。它促進了禪宗的明心見性理念深入士大夫知識階層，並向世俗世界廣泛傳播，實現了不同文化視域的全新融合，從而使禪宗的教化功能在某種意義上發揮到了極致，呈現出強大的社會文化的整合能力。至於文字禪在改變著其他世俗的或宗教的文化形態的同時，引起宗門風氣的轉變，從而自身出現了危機，另當別論。

二、對日本禪文化及茶道的影響

禪門經典《碧巖錄》不僅在中國影響深遠，而且傳到日本後，對日本禪宗文化的普及發展起到了舉足輕重的作用。

在日本禪宗史上，呈現著一幅發脈於圓悟的的法嗣譜系：圓悟克勤——虎丘紹隆——應庵曇華——密庵咸傑——松源崇嶽——運庵普岩——虛堂智愚——南浦紹明——宗峰妙超——徹翁義亨——言外宗忠——華叟宗曇——一休宗純。〔註21〕一休宗純，即日本家喻戶曉的「聰明的一休哥」，圓悟當年寫給紹隆的印可證書，也如衣濱一般傳遞到其手中。而他的高徒村田珠光，正是日本茶道的開山祖。至此，若即若離的茶禪文化方真正水乳交融，渾然一體；聯袂東渡的茶與禪才正式步入日本茶道的軌迹。歷史證明：沒有《碧巖錄》的風靡全島，便沒有日本禪宗的風流時代，也就沒有創建日本茶道的一代風流人物。從這一層面上講，《碧巖錄》的廣泛傳播，有力地推動了日本茶道問世的進程，可謂是日本茶道的催生婆。

《碧巖錄》對日本茶道的影響主要表現在茶道的許多形式與禮儀上。其中許多禪語名句，或懸掛於茶庵茶室裏，成為百代經典；或流行於茶人茶友間，成為名符其實的「口頭禪」。在現今日本茶道所保留的禪語中，有許多是直接援引於《碧巖錄》，有的則可從該書中找到其源於母體的胎記或的演繹變化的形迹。如「日日是好日」、「三級浪高魚化龍」、「黃檗六千棒打臨濟」、「獨坐大雄峰」、「逢茶茶遇飯飯」、「一圓相」等茶道常用述語，都可以從《碧巖錄》中找到它原版或修改版；反之，《碧巖錄》中的許多禪語妙言，亦可在茶道中找到其「克隆語」或近親繁殖語。〔註22〕日本當代禪文化研究所研究員秋月龍珉編著的《禪海珍言》，取材於《碧巖錄》的禪語共 146 條，約占全書

〔註21〕楊曾文：《日本佛教史》，杭州：浙江人民出版社，1995 年，第 373～375 頁。
〔註22〕參見滕軍：《日本茶道文化概論》，北京：東方出版社，2007 年，第 27～67
頁。

精選語錄的五分之二強。作者還借評述《碧巖錄》第 43 則之機說：「自宋代以來，禪門就把《碧巖錄》列爲『禪門第一書』，對此書極爲推崇。」〔註23〕日本禪宗是由曾兩度旅宋留學的禪僧榮西創立的，此後百餘年間，迅猛壯大，至鎌倉時代發展爲 24 個宗派，其中有 21 派爲臨濟宗。而這 21 派中除日本臨濟宗開山祖師榮西屬黃龍派外，餘下 20 派均繫經圓悟傳承開來的楊岐派。須知榮西不僅是日本禪宗之開山，還是將中國茶種引入扶桑第一人，並著有日本茶文化的發軔之作——《吃茶養身記》。照理說，其派占天時地利人和應引領禪宗新潮流，殊不知卻讓姍姍來遲的楊岐派佔了上風。這種後來者居上，正是圓悟之《碧巖錄》傳播影響使然。因爲楊岐派「繼承了臨濟宗的基本思想，綜合了臨濟、雲門兩家的禪風，同時採取靈活的手段接引參學者，從而使楊岐派在激烈的派系競爭中取得優勢。」〔註 24〕《碧巖錄》恰恰彰顯了楊岐派的特點，故能廣爲流傳並使熱衷於其學術思想的宗派一枝獨秀。

第三節　圓悟的法脈傳承及其影響

圓悟禪師是禪宗南嶽下第十五世，法脈傳承至今，影響深遠。自臨濟宗下八世方會禪師在現江西省萍鄉北的楊岐山開宗立派，舉揚一家宗風創立楊岐派以來，經白雲守端至五祖法演一系傳續，其禪風到圓悟禪師時得到重大發展而集其大成，在中國禪宗發展史上具有極其重要的歷史地位。作爲中國禪宗主導地位的臨濟宗，一度分爲黃龍、楊岐兩派，在圓悟時期，臨濟宗完重新合而爲一，因此，楊岐的歷史就是臨濟的歷史。論其師承，現在遍佈全國的臨濟宗人，幾乎都是圓悟禪師的後裔子孫。

圓悟禪師的嗣法弟子達 75 人之多，其中最著名者爲大慧宗杲、虎丘紹隆，並稱爲圓悟克勤門下的「二甘露門」。據《五燈會元》卷第十九記載，圓悟克勤法嗣主要有：徑山宗杲禪師、虎丘紹隆禪師、育王端裕禪師、大溈法泰禪師、護國景元禪師、玄沙僧昭禪師、南峰雲辯禪師、靈隱慧遠禪師、洪福子文禪師、正法建禪師、華藏安民禪師、昭覺道元禪師、中竺中仁禪師、象耳袁覺禪師、華嚴祖覺禪師、福嚴文濱禪師、明因曇玩禪師、虎丘元淨禪師、天寧梵思禪師、君山覺禪師、寶華顯禪師、夆山覺禪師、天封覺禪師、道祖

〔註23〕〔日〕秋月龍珉著，汪正求譯：《禪海珍言》，桂林：灕江出版社，第 129 頁。
〔註24〕滕軍：《日本茶道文化概論》，北京：東方出版社，2007 年，第 123 頁。

首座、宗振首座、樞密徐俯居士、郡王彌遜居士、祖氏覺庵道人、令人明室道人、成都范縣君。〔註25〕其影響最大者是徑山宗杲與虎丘紹隆禪師，開徑山、虎丘兩派。下面試舉幾例，對圓悟禪師法嗣分別加以概括介紹。

宗杲（1089～1163），字曇晦，寧國（現安徽寧國縣）人，俗姓奚，十七歲出家後，登寶峰謁湛堂文準，蒙受指教，並指示他去圓悟克勤禪師處受教。文準圓寂後，為了請人為師撰寫塔銘，宗杲曾專程前往無盡居士張商英處，在受到張商英稱許後，還為他的茅庵命名為「妙喜」，並親為介紹他參見克勤禪師。他是在克勤禪師住天寧寺時投於座下而得法的。因此右丞相呂舜奏請高宗賜其紫衣及「佛日」之號，後來他到雲居山建茅庵居住，又入閩結茅於長樂洋嶼小溪雲門庵。應丞相張浚之命，住徑山，道法之盛，冠於一時，侍郎張九成亦從之遊。因議朝政為秦檜所忌，曾經被流放嶺南。秦檜死後被召還，翌年春夏僧伽黎位，奉旨住育王寺。一年之後奉旨改住徑山，道俗親慕如初。宋孝宗賜號大慧，並御書「妙喜庵」三字相賜，他圓寂後謚「普覺」，有《大慧普覺禪師語錄》三十卷等。〔註26〕

紹隆（1077～1136），邗州含山（今安徽含山）人，俗姓汪。九歲時在當地佛慧院出家，圓具後參訪過長蘆淨照、寶峰湛堂、黃龍死心等禪師，都受到稱賞。他是在夾山依止於圓悟禪師的，在那裡深入堂奧而嗣法，後來仍回含山開聖寺。建炎年間南渡，在銅峰下結廬，後來住持彰教寺，最後遷住虎丘，大播圓悟的禪法於東南。他有《虎丘紹隆禪師》一卷。在禪宗發展史上，雖然大慧宗杲有法嗣九十多人，虎丘紹隆只有天童曇華一人，但是後世的臨濟宗人都出於虎丘紹隆。〔註27〕

慧遠（？～1175），眉山（今四川境內）金流鎮人，俗姓彭。慧遠禪師的影響，在圓悟眾多的嗣法弟子中，僅次於大慧宗杲和虎丘紹隆。他出家後遍習經論，頗有所悟，當聞訊圓悟歸蜀住昭覺後，立即前來請益，在圓悟座下聞法時豁然開悟，在大眾之中撲倒於地。眾人以為他中風，扶掖他起，他說「吾夢覺矣」，就在這天夜裏，他受法於圓悟。圓悟曾用「舊鐵舌，轉關棙「的讚語他，所以他又被時人稱為「鐵舌遠」。〔註28〕

〔註25〕《五燈會元》，《卍新纂續藏經》第 80 冊，第 402～414 頁。

〔註26〕參見大慧：《大慧書》，呂有祥、吳隆升校注，鄭州：中州古籍出版社，第 1～3 頁。

〔註27〕《五燈會元》，《卍新纂續藏經》第 80 冊，第 405 頁。

〔註28〕同上註，第 408 頁。

　　再舉三位居士的例子。郡王趙令衿，圓悟克勤禪師之在家得法弟子，字表之，號越然居士。趙令衿在南康（今江西境內）任職期間，為事簡潔，政通人員，經常與禪僧交遊。樞密徐俯，圓悟克勤禪師之在家得法弟子，字師川，號東湖居士，洪州分寧人。其父徐禧，字德川，博遊周覽，知古今事變，後授鎮安軍節度使推官、給事中、龍圖閣直學士等職。著名學者張浚也是圓悟的付法弟子。他是南軒先生張栻的父親，綿竹人，號紫岩居士，是徽宗進士。父子同為蜀中名流。高宗建炎三年官右僕射兼知樞密院，力主抗金，使全蜀得到安寧，東南大局也因此而穩定。在紹興五年圓悟圓寂的同年，他任同平章事兼樞密使，都督諸路兵馬，重用岳飛、韓世忠、劉光第等，被時論比之於諸葛亮〔註29〕。

　　綜觀圓悟禪師的一生，為追求人生智慧，弘揚佛法，遍歷楚水吳山，大江南北，走遍了當時祖國疆域的三分之一。一代宗師在應世的七十三年裏，曾經主持過成都昭覺、湘西道林、金陵蔣山、東京（開封）天寧、鎮江金山、江西雲居等國內七座著名寺院，最後葉落歸根，回到家鄉的昭覺寺。他以博大的胸襟吸收各種思想而又不動其本宗，以故充分展示了其禪法圓融世法與出世法的豐滿特色，受到僧俗兩界的歡迎，對後世影響深遠。

〔註29〕《五燈會元》，《卍新纂續藏經》第 80 冊，第 411 頁。

結　語

　　圓悟禪師承先啓後，大振禪風，被譽爲宋代禪宗的中興名匠。他的弟子大慧宗杲提出的「看話禪」成爲後世禪宗主要的禪修法門。他傳承的另一位弟子虎丘法隆一脈更是綿延流長，延續臨濟宗的法脈近一千年，極爲稀有難得，另外圓悟禪師說法開示的輯錄《圓悟心要》，更是歷來參禪者不可不讀的重要典籍，所以說，圓悟禪師在中國禪宗史上有其舉足輕重的地位。

　　然而，圓悟禪師由於其「文字禪」的嫌疑，受到很多的責難。「從禪家來說，怪其舞文弄墨，有背祖教；學術界也多認爲宋代禪風以文字說禪而失去了禪宗早期簡潔明快的風格，流風所及，使禪風與禪背道而馳。」﹝註1﹞國內學術界對圓悟的禪學思想不怎麼重視，研究者並不多。其實，對圓悟的批評與責難是沒有道理的，「禪學的衰變，原因不在於文字禪的興起，而恰恰在於它的反面——以不立文字爲口實，以『任性』爲遁辭，故作機鋒，欺人盜世，爲所欲爲，習其狂滑」。﹝註2﹞其實，圓悟將「只可意會不可言傳」的禪大肆宣講開來，體現了一種超越與創新的精神。他在評唱《頌古百則》時，將詩偈頌評融爲一體，以詩的語言來喻顯活潑精警的禪機，更是體現了其獨到的創意與見識。因此，站在現代詮釋學的立場，歷史上及現代社會中對圓悟「文字禪」的批評是大可不必的。我們需要對大師的禪學體系力求給予全面客觀的定位。

　　縱觀中國禪宗的歷史演進，不難發現，禪宗的五家七宗在傳法方式上八仙過海，各顯神通，不過概括起來主要有兩種風格，一種是主張直指與說破，

﹝註1﹞麻天祥：《中國禪宗思想發展史》，武漢大學出版社，2007年，第89頁。
﹝註2﹞同上註，第89頁。

另一種是主張曲指與不說破。比較而言，主張「直指」及「說破」者，其人才比較繁茂，法脈綿延流長。譬如以臨濟宗與雲門宗為例來作比較，臨濟禪師一生說法都離不開「無位真人常從面門出入」，直指人心，在不同的場合反覆詮釋，不管犯不犯忌諱，也不管學人煩不煩，這是屬於「直指」及「說破」的風格，這種創造性的「無位真人」思想，很形象地傳達出心性本體的特徵。無位真人其實就是一個內在心性本體的比喻，它是人的真正本體，而不是外在的經驗的形相，這個本體存在於人的自身之中，是永恆的、超時空的。雲門禪師則比較較偏重「曲指」及「不說破」，其做法主要是利用一些方便，截斷禪修者的妄念，突出「無念、無相、無住」之本心，做法高超，非常有智慧，可惜人們的根器和智慧跟不上，很難契悟，所以雲門宗傳了沒多久就斷絕了，在禪門五宗當中法脈滅絕得最早。圓悟禪師是臨濟宗的傳人，在傳法上亦承襲了「直指」及「說破」的禪風，這一點在在他著作中處處可見，這也是圓悟克勤禪師成為宋代禪法整合及文字禪代表人物的一個重要原因。

圓悟克勤禪學思想博大精深，文字禪詮釋圓融通透，對後世影響深遠。他的禪法在圓融世出世的同時，並沒有使禪宗旨趣有任何改變，他以博大的胸襟吸收各種思想而又不動其本宗，以故充分展示了其禪法的豐滿特色。從禪宗思想的歷史演進上看，圓悟克勤不僅在心性論方面作出了一定的理論建樹，也從禪宗修證工夫論上更深入地探究禪法及其根本理據，從中重新審視禪宗修證的工夫規範，另外他的「文字禪」在對治「無事禪」、「葛藤禪」等禪學流弊中起了重要作用，喚起了當時禪宗學子對佛教正法的正信，進而重振禪風、中興禪學。可以說，禪宗發展到宋代，圓悟禪師創造了一個新的巔峰。他在評唱中以經典詮釋的方式進行「文字禪」體系的建構，如果從橫向來看，這和宋代理學的建立方式有異曲同工之妙〔註3〕。在他的門下，出了以「看話禪」著稱的大慧宗杲，這種禪法影響中國禪宗一千多年，另外提出「默照禪」的宏智正覺也跟他學過禪，深得他的讚許；他的「文字禪」評唱一直是後世「文字禪」的典範。綜上所述，可以說，圓悟克勤禪師是禪宗歷史上一位承上啟下、劃時代性的重要人物。

總之，通過對圓悟禪學思想的探討，我們不難發現：圓悟克勤既是前人禪學思想的總結者，又是新禪法的開創者，更是是善於說禪的詮釋者，他的

〔註 3〕圓悟與宋代理學家們基本上是同一個時代，他們的詮釋工作反映了宋代文化的勃興及理性的張揚，至於他們之間的互相影響需要專文論述。

禪學特色正是體現了禪學範式變化的過渡性特徵，爲後面出現的看話禪和默照禪奠定了基礎，深入分析、研究圓悟禪學及其歷史影響，是弄清中國禪宗發展演變及其範式變化的一個極爲重要的關節點，也是理解整個中國禪宗興衰的重要環節。

主要參考文獻

一、經典、原著

1. 陳秋平、尚榮譯注：《金剛經‧心經‧壇經》，北京：中華書局，2008 年。
2. 高振農校：《大乘起信論校釋》，中華書局，1992 年版。
3. 弘學‧李清禾整理：《圓悟克勤禪師——碧巖錄‧心要‧語錄》，四川：巴蜀書社，2008 年。
4. 李孚遠、鍾鎮鍠點校：《碧巖錄》，河北禪學研究所，2006 年。
5. 呂有祥、吳隆升校注：《大慧書》，鄭州：中州古籍出版社，2008 年。
6. 呂有祥譯注：《佛說本生經》，北京：宗教文化出版社，2005 年。
7. 〔日〕大正新修大藏經（簡稱《大正藏》）。
8. （宋）程顥、陳頤：《二程遺書》，上海：上海古籍出版社，2000 年。
9. （宋）釋小瑩：《羅湖野錄》，《佛藏要輯選刊》第十一冊。
10. （宋）釋普濟：《五燈會元》，中華書局排印本，1984 年。
11. （宋）釋贊寧：《宋高僧傳》，中華書局排印本，1982 年。
12. 蕭萐父、呂有祥點校：《古尊宿語錄》，北京：中華書局，1997 年。
13. 石峻等：《中國佛教思想資料選編》，北京：中華書局，1983 年。

二、學術專著

1. 陳兵：《禪學與東方文明》，上海：上海人民出版社，1992 年。
2. 陳寅恪、鄧廣銘：《宋史職官之考正序》，《金明館叢稿二編》，上海古籍出版社，1980 年。
3. 曹剛華：《宋代佛教史籍研究》，上海：華東師範大學出版社，2006 年。

4. 陳立勝：《王陽明「萬物一體」論──從「身體」的立場看》，上海：華東師範大學出版社，2008 年。

5. 陳自力：《釋惠洪研究》，北京：中華書局，2005 年。

6. 成中英主編：《本體與詮釋：中西比較》，上海：上海社會科學院出版社，2003 年。

7. 陳坦：《中國佛教史籍概論》，中華書局，1962 年。

8. 陳堅：《心悟轉法華──智顗法華詮釋學研究》，北京：宗教文化出版社，2007 年。

9. 陳運寧：《中國佛教與宋明理學》，長沙：湖南人民出版社，2002 年。

10. 陳穎健、張慧群：《新思維範式》，北京：科學技術文獻出版社，2003 年。

11. 慈怡主編：《佛光大辭典》，臺灣佛光山出版社，1989 年版。

12. 〔德〕漢斯－格奧爾格·伽達默爾：《真理與方法──哲學詮釋學德基本特徵》，洪漢鼎譯，上海：上海譯文出版社，2004 年。

13. 〔德〕卡西爾：《人論》，甘陽譯，上海：上海譯文出版社，1997 年版。

14. 段德智：《主體性的生成》，北京：人民出版社，2009 年。

15. 杜繼文、魏道儒：《中國禪宗通史》，江蘇：江蘇古籍出版社，1993 年。

16. 方立天：《中國佛教哲學要義》，北京：中國人民大學出版社，2002 年。

17. 潘桂明：《中國禪宗思想歷程》，今日中國出版社，1992 年。

18. 傅偉勳：《從西方哲學到禪佛教》，上海：三聯書店，1989 年。

19. 龔雋：《禪學發微──以問題為中心的禪學思想研究》，新文豐出版公司 2002 年出版。

20. 龔雋：《禪史鉤沈》，北京：三聯書店，2006 年。

21. 戈國龍：《道教內丹學探微》，成都：巴蜀書社，2002 年。

22. 戈國龍：《探尋生命的奧秘》，北京：華夏出版社，2006 年。

23. 戈國龍：《遊心於佛道》，北京：華夏出版社，2007 年。

24. 黃啓江：《北宋佛教史論稿》，臺灣商務印書館，1997 年。

25. 胡壯麟、朱永生等：《系統功能語言學概論》，北京：北京大學出版社，2008 年。

26. 洪修平：《中國禪學思想史》，北京：中國人民大學出版社，2007 年。

27. 洪修平：《中國佛教文化歷程》，南京：江蘇教育出版社，2005 年。

28. 韓鳳鳴：《解脫論：禪宗解脫哲學研究》，北京：宗教文化出版社，2008 年。

29. 何衛平：《通向解釋學辯證法之途》，上海：三聯書店，2001 年。

30. 胡塞爾：《純粹現象學通論（節選本）》，李幼蒸譯，北京：商務印書館，2002 年。

31. 韓廷傑：《唯識宗簡史簡論》，上海：上海佛學書局，1999 年。

32. 紀華傳：《江南古佛——中峰明本與元代禪宗》，北京：中國社會科學出版社，2006 年。

33. 淨慧：《入禪之門》，上海：上海辭書出版社，2006 年。

34. 賴永海：《中國佛性論》，上海：人民出版社，1988 年。

35. 劉澤亮：《宗說具通：佛教語言觀》，北京：宗教文化出版社，2007 年。

36. 呂澂：《中國佛學源流略講》，北京：中華書局，1979 年。

37. 李霞：《圓融之思：儒道佛及其關係研究》，合肥：安徽大學出版社，2005 年。

38. 劉立夫：《弘道與明教：〈弘明集〉研究》，北京：中國社會科學出版社，2004 年。

39. 李承貴：《儒士視域中的佛教——宋代儒士佛教觀研究》，北京：宗教文化出版社，2007 年。

40. 〔美〕雷蒙・潘尼卡：《看不見的和諧》，王志成等譯，江蘇人民出版社，2001 年。

41. 〔美〕約翰・塞爾：《心靈. 語言和社會——實在世界中的哲學》，李步樓譯，上海：上海譯文出版社，2006 年。

42. 〔美〕艾柯等：《詮釋與過度詮釋》，柯里尼編，王宇根譯，香港：牛津大學（香港）出版社，1995 年。

43. 〔美〕美弗洛姆等：《禪宗與精神分析》，王雷泉等譯，貴州：貴州人民出版社，1998 年。

44. 麻天祥：《中國禪宗思想發展史》，武漢：武漢大學出版社，2007 年。

45. 麻天祥：《中國宗教哲學史》，北京：人民出版社，2006 年。

46. 麻天祥：《反觀人生的玄覽之路》，貴陽：貴州人民出版社，1994 年。

47. 牟永生：《智慧與解脫——禪宗心性思想研究》，北京：中國社會科學出版社，2008 年。

48. 潘桂明：《中國佛教思想史稿》，南京：江蘇人民出版社，2009 年。

49. 錢學森：《人體科學與現代科技發展縱橫觀》，北京：人民出版社，1996 年。

50. 漆俠：《中國經濟通史・宋代經濟卷》上，北京：經濟日報出版社，1999 年。

51. 邱環：《馬祖道——禪法思想研究》，成都：巴蜀書社，2007 年。

52. （清）徐松輯：《宋會要輯稿》，北京：中華書局，1957 年。

53. 〔日〕阿布正雄：《禪與西方思想》，上海：上海譯文出版社，1989 年。

54. 〔日〕土屋木祐：《北宋禪宗思想及其淵源》，成都：巴蜀書社，2008 年。

55. 〔日〕忽滑谷快天：《中國禪學思想史》，朱謙之譯，上海：古籍出版社，2002 年。

56. 〔日〕秋月龍珉：《禪海珍言》，汪正求譯，桂林：灕江出版社，2002 年。

57. 榮格：《現代靈魂的自我拯救》，黃奇銘譯，北京：北京工人出版社，1996 年。

58. 湯用彤：《漢魏兩晉南北朝佛教史（上下冊)》，北京：中華書局，1993 年。

59. 滕軍：《日本茶道文化概論》，北京：東方出版社，2007 年。

60. 魏道儒：《中國華嚴宗通史》，江蘇古籍出版社，2001 年。

61. 魏道儒：《宋代禪宗文化》，中州古籍出版社，1993 年。

62. 魏敦友：《回返理性之源》，武漢：武漢大學出版社，2005 年。

63. 吳言生：《禪宗哲學象徵》，北京：中華書局，2001 年。

64. 吳言生：《圓悟克勤大師傳》，臺北：臺灣佛光出版社，1998 年。

65. 楊曾文：《宋元禪宗史》，北京：社會科學出版社，2006 年。

66. 楊維中：《中國佛教心性論研究》，北京：宗教文化出版社，2007 年。

67. 王路平：《大乘佛學與終極關懷》，成都：巴蜀書社，2001 年。

68. 邢東風：《禪悟之道：南宗禪學研究》，北京：中國人民大學出版社，1997 年。

69. 徐文明：《中國佛教哲學》，北京：宗教文化出版社，2008 年。

70. 楊渭生：《兩宋文化史研究》，杭州：杭州大學出版社，1998 年。

71. 周裕鍇：《文字禪與宋代詩學》，北京：高等教育出版社，1998 年。

72. 周裕鍇：《禪宗語言》，杭州：浙江人民出版社，1999 年。

73. 趙豔芳：《認知語言學概論》，上海：上海外語教育出版社，2002 年。

74. 張欽：《道教煉養心理學引論》，成都：巴蜀書社，1999 年。

78. 張世英：《天人之際》，北京：人民出版社，1995 年。

79. 張祥龍：《海德格爾思想與中國天道》，上海：三聯書店，1996 年。

三、學術論文

1. 鄧克銘：《禪宗公案之經典化的解釋——以〈碧巖錄〉爲中心》，《佛學研究中心學報》，2003 年第 8 期。

2. 戴繼誠：《紫柏大師的「文字禪」理論及其實踐》，《船山學刊》，2005 年第 2 期。

3. 方立天：《禪宗精神──禪宗思想的本質、核心及其特點》，《哲學研究》，1995 年第 3 期。

4. 方立天：《文字禪、看話禪、默照禪與念佛禪》，《中國禪學》，2002 年。

5. 方立天：《永明延壽與禪教一致思潮》，《哲學研究》，2005 年 3 期。

6. 高毓婷：《圓悟克勤的禪學思想》，《中華佛學研究》第三期，1993 年 3 月版。

7. 顧海建：《論宋代文字禪的形成》，《中華文化論壇》，2004 年第 2 期。

8. 龔雋：《作爲思想史的禪學寫作──以漢語禪學研究爲中心的方法論考察》，《禪史鈎沈》，北京：三聯書店，2002 年。

9. 郝長池：《宗教現象學的基本問題》，《現代哲學》，2006 年第 1 期。

10. 劉正忠：《惠洪「文字禪」初探》，《宋代文學研究叢刊》第 2 期，張高平主編。

11. 李貴：《北宋詩僧惠洪考》，《文學遺產》，1995 年第 1 期。

12. 劉方：《圓悟克勤的禪學與美學思想》，《宗教學研究》，2005 年第 2 期。

13. 呂有祥：《馬祖禪述略》，《佛學研究》，2005 年。

14. 呂有祥：《大慧宗杲看話禪述評》，《佛學研究》，2006 年 12 月。

15. 呂有祥：《禪宗公案之解讀》，《禪學研究》，2004 年 12 月。

16. 呂有祥：《六祖惠能佛性思想簡述》，《六祖惠能思想研究（二）》，香港出版社，2003 年 12 月。

17. 麻天祥：《中國佛學非本體的本體詮釋》，《中國社會科學》2001 年第 1 期。

18. 麻天祥：《永明延壽與宋代禪宗的綜合》，《世界宗教研究》，1996 年第 4 期。

19. 麻天祥：《概論宋代混融三教的文字禪》，《武漢大學學報》，2006 年第 6 期。

20. 麻天祥：《禪與基督教本體論的對話》，《人文雜誌》，2004 年第 1 期。

21. 麻天祥：《中國宗教哲學思維模式的理論探索》，《中國宗教》，2007 年第 10 期。

22. 乃光：《碧巖錄評述》，《現代佛學》，1958 年第 10 期。

23. 皮朝綱：《圓悟克勤的禪學思想及其對中國美學的啓示》，《四川師範大學學報》，1991 年第 5 期。

24. 〔日〕小川隆：《西來無意──禪宗與佛教本土化》，中國人民大學「第二屆中日佛學會議」論文。

25.〔日〕木村清孝：《圓悟克勤的禪和華嚴教理——宋代華嚴思想的一個側面》，《世界宗教研究》，1992 年第 2 期。

26. 吳言生：《禪宗公案頌古的象徵體系》，《陝西師範大學學報》哲學社會科學版，2002 年第 4 期。

27. 王濤：《繆勒比較宗教學與伊利亞德宗教現象學方法之比較研究》，《世界宗教研究》，2009 年第 1 期。

28. 伍先林：《略論宗杲的思想發展歷程》，《佛學研究》，2008 年。

29. 魏道儒：《圓悟克勤融合禪教的方式和特點》，《行願大千》，2007 年。

30. 魏道儒：《關於宋代文字禪的幾個問題》，《中國禪學》第一卷，中華書局，2002 年版。

31. 魏建中：《認知視域下的禪宗語言哲學思想透視》，《學習月刊》，2009 年第 4 期。

32. 魏建中：《克勤「文字禪」思想與實踐及其影響》，《理論月刊》，2009 年第 3 期。

33. 溫金玉：《臨濟禪風述要》，《禪宗學堂》網絡版，性明主持。

34. 吳忠偉：《心爲文字之性——永明延壽判教原則的語言哲學分析》，《江蘇社會科學》，2005 年 5 期。

35. 楊曾文：《雪竇重顯及其禪法》，《中國禪學》（第 1 卷），北京：中華書局，2002 年。

36. 伍先林：《正覺的默照禪思想》，《佛學研究》，2000 年。

37. 蕭進銘：《丘處機迴光說的內涵、淵源及發展——兼比較禪宗的「迴光返照」說》，網上搜索。

38. 蕭進銘：《光、死亡與重生——王重陽內丹密契經驗的內涵與特質》，網上搜索。

39. 張琰：《太乙金華宗旨》的丹道理論探微，《中國道教》，2008 年第 6 期。

40. 周裕凱：《惠洪文字禪的理論與實踐及其對後世的影響》，北京大學學報（哲社版），2008 年第 4 期。

四、碩博論文

1. 李豐園：《〈碧巖錄〉研究》，上海師範大學／古典文獻學／2004／碩士，指導教授：徐時儀。

2. 劉澤亮：《黃檗禪哲學思想研究》，武漢大學／中國哲學／1996／博士，指導教授：蕭萐父。

3. 呂有祥：《臨濟義玄禪學思想述評》，武漢大學／中國哲學／1987／碩士，指導教授：蕭萐父。

4. 李小豔：《惠洪文字禪研究》，武漢大學／宗教學／2004／碩士，指導教授：麻天祥。

5. 孫勁松：《心史——永明延壽佛學思想研究》，武漢大學／中國哲學／2007／博士，指導教授：郭齊勇。